Mousinho da

AÇÚCAR
AZÚCAR
SUCRE
SUGAR

www.delta-cafes.com

emba

당신의 포르투갈은
어떤가요

Porto

당신의 포르투갈은 어떤가요

Lisbon

영민 글·그림

북노마드

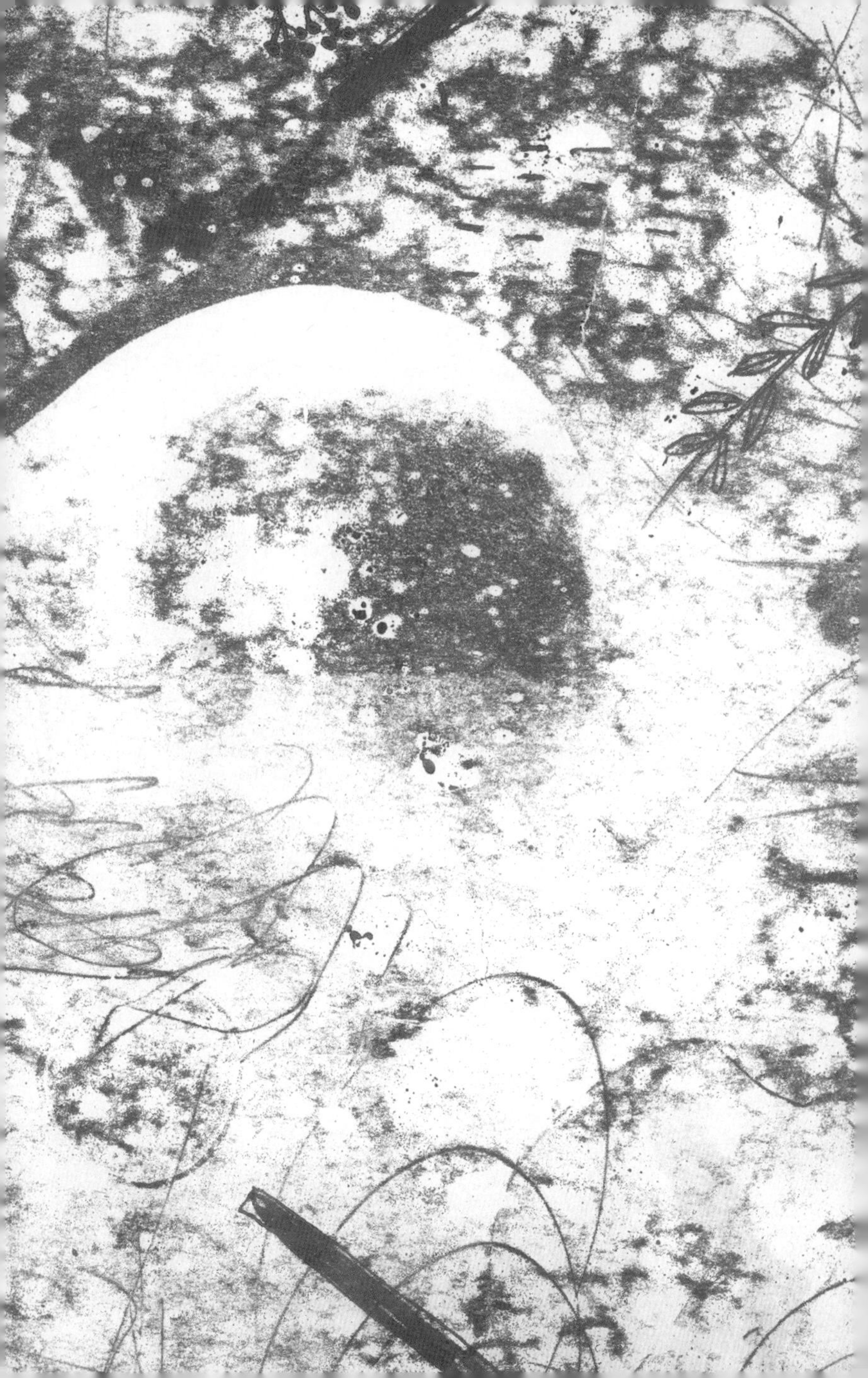

contents

리스본 근교

Porto
포르투

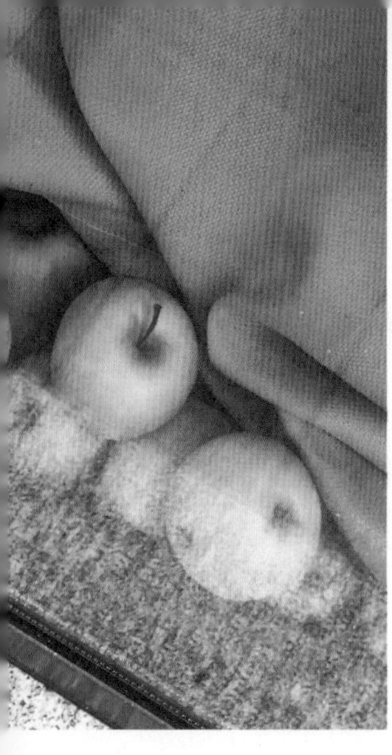

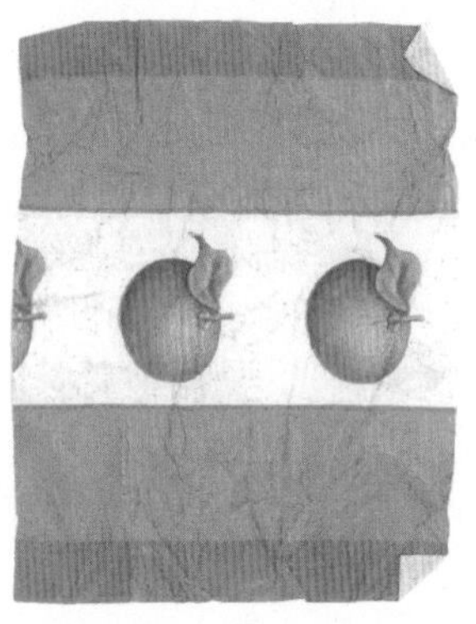

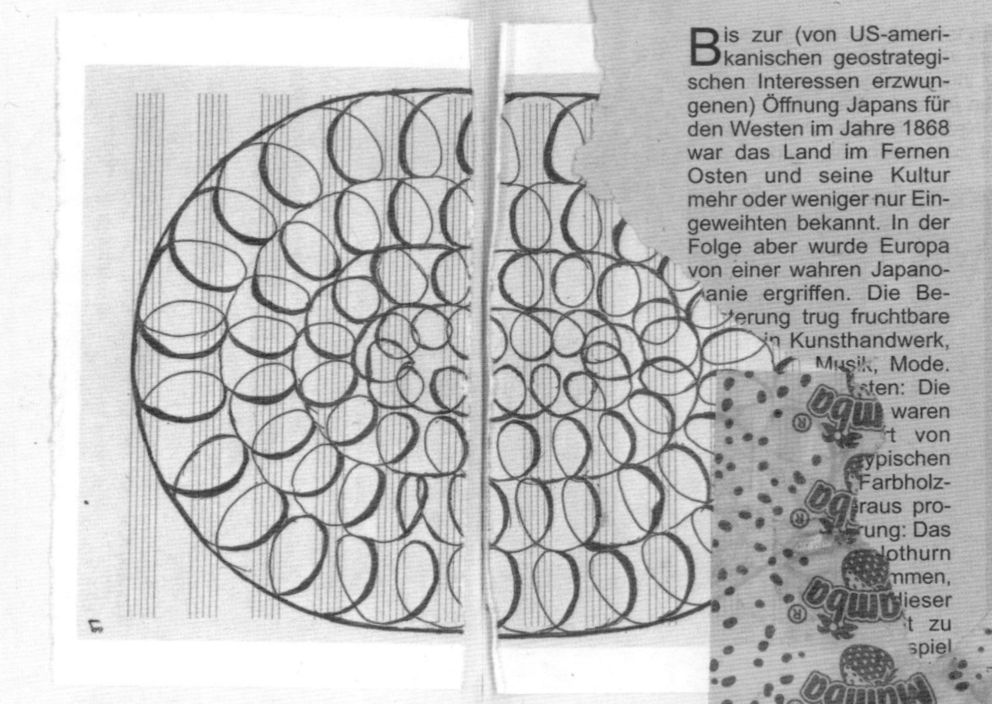
Bis zur (von US-ameri-
kanischen geostrategi-
schen Interessen erzwun-
genen) Öffnung Japans für
den Westen im Jahre 1868
war das Land im Fernen
Osten und seine Kultur
mehr oder weniger nur Ein-
geweihten bekannt. In der
Folge aber wurde Europa
von einer wahren Japano-
anie ergriffen. Die Be-
terung trug fruchtbare
in Kunsthandwerk,
Musik, Mode.
sten: Die
waren
t von
ypischen
Farbholz-
raus pro-
rung: Das
lothurn
mmen,
dieser
t zu
spiel
mamba

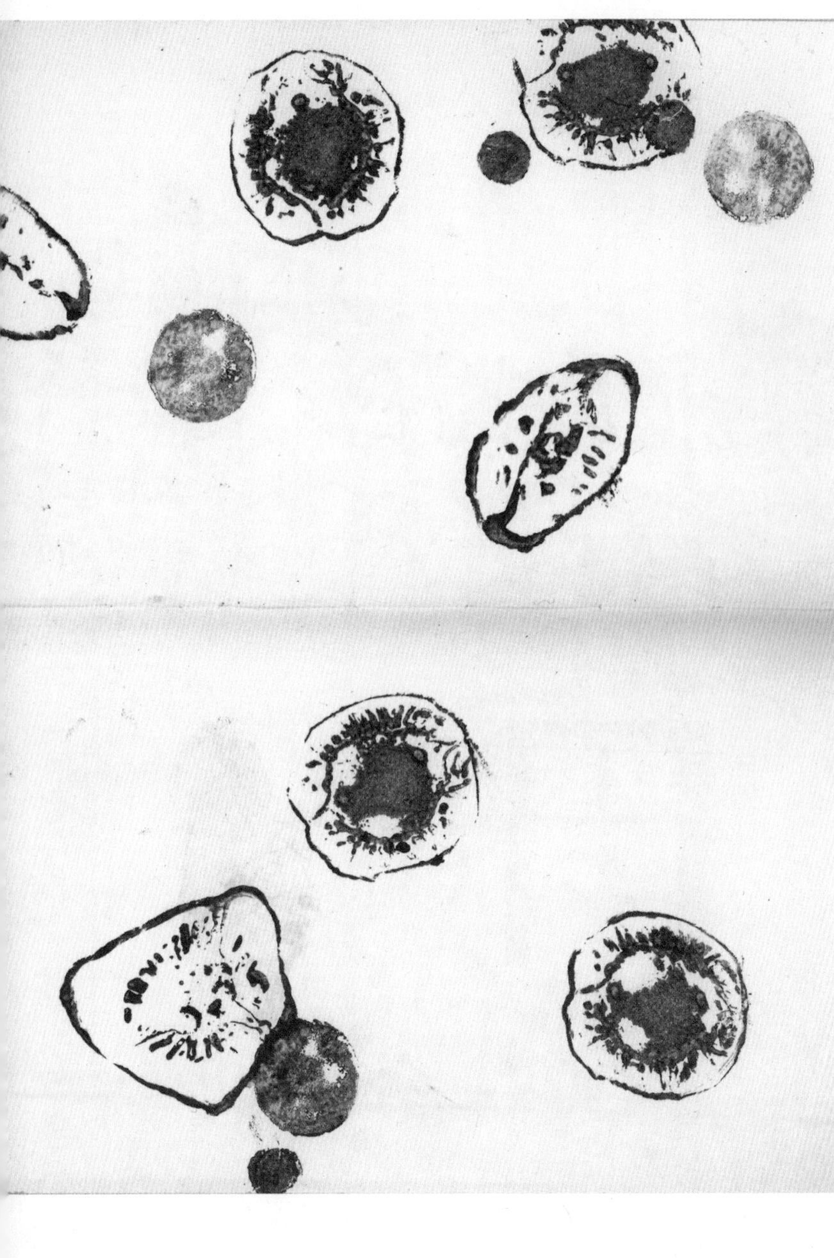

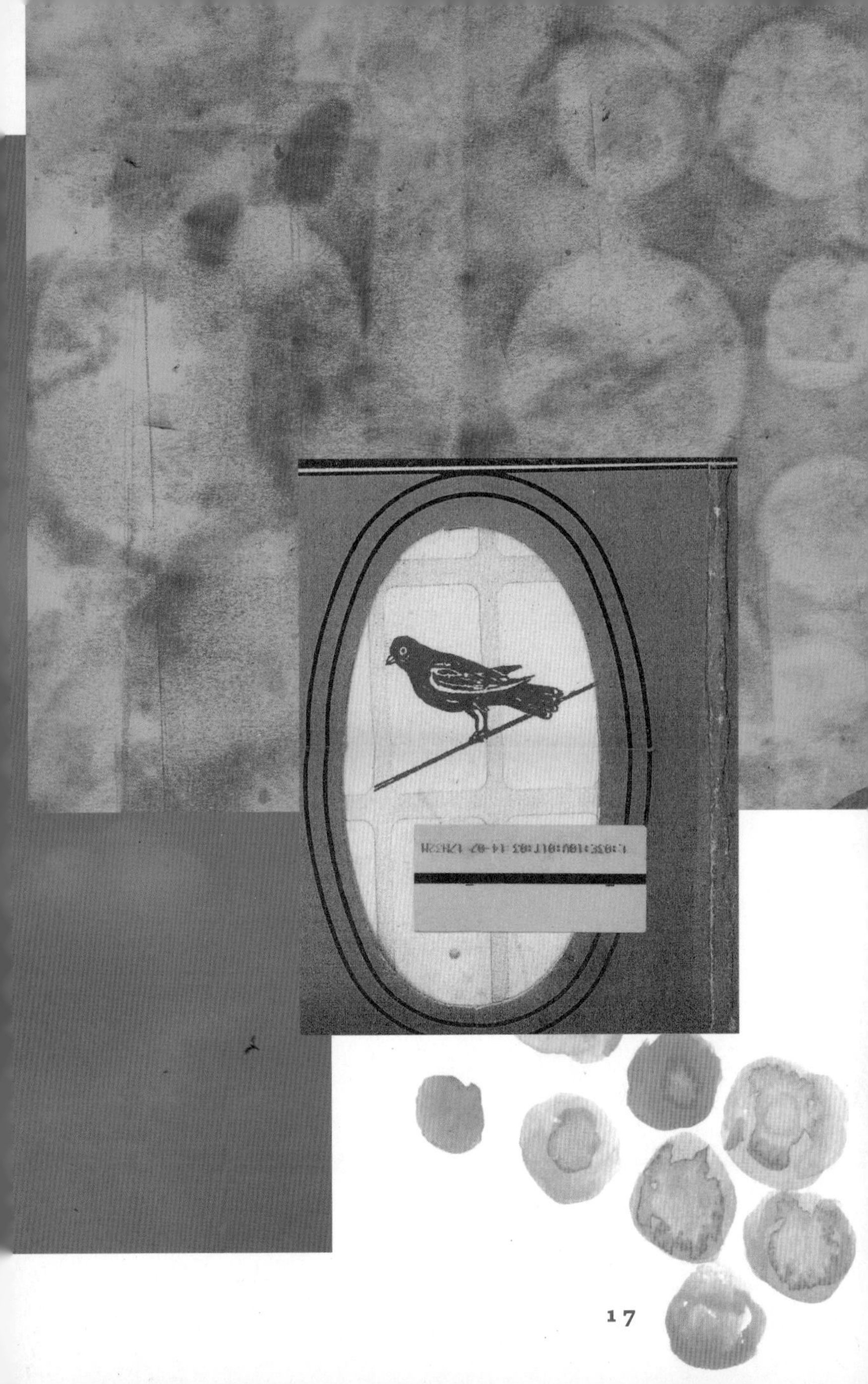

A BELA HISTORIA QUE VOS VAMOS CONTAR
POSTO Nº 1
VENDA GINJA
NAZARETH

FÁBRICA BOLAS NAZARÉ
Fabrico Próprio
Limonadas · Laranjadas
Bolas BERLIM
Olha a
Bolinha de Berlim

프롤로그

포르투라는 도시를 처음 알게 된 것은 몇 년 전 포르투를 다녀왔던 친구가 그곳이 너무 좋았다며 신나서 이야기했을 때였다. "그래, 나도 언젠가 가보면 좋겠네"라며 맞장구를 쳤지만 그 '언젠가'는 나의 위시 리스트에 있는 모든 도시들을 다 가본 후에나 가능할 '언젠가'였다. 포르투는 잠깐 내 머릿속에 들어왔다가 무의식으로 가라앉았다.

배움과 새로운 자극이 절실하던 해였다. 유럽의 대학교와 사설 기관에서 여름과 겨울에 운영되는 짧은 수업들을 듣기 위해 이리저리 검색을 하던 중 우연히 '일러스트레이션 서머 스쿨Illustration Summer School'이라는 포르투에서 열리는 2주짜리 미술 수업을 발견했다. 수업 커리큘럼도 흥미로웠지만 진짜로 나의 마음을 사로잡은 것은 홈페이지 메인을 장식하고 있던 도루 강변의 사진이었다. 메일을 몇 번 주고받고 일주일 동안 고민한 끝에 나는 포르투갈로 떠나는 비행기 티켓을 끊었다. 포르투에 가게 될 '언젠가'를 '이번 여름'으로 바꾸었다. 돌아보니 그 결정은 그해에 내가 가장 잘한 일이었다. 단 하나의 풍경 때문에 여행은 시작되기도 한다.

2017년 여름, 리스본에서 열흘, 포르투에서 스무 날, 그렇게 한 달을 포르투갈에서 보냈다. 리스본에서는 포르투갈을 처음 만나는 여행자로서 그 매력에 푹 빠져 부지런히 돌아다녔고, 포르투에서는 미술 수업을 듣는 학생으로서 포르투를 천천히 알아갔다. 도시가 주는 영감을 놓치지 않으려 그림을 그리고, 사진을 찍고, 수집을 했다. 주말이면 바다가 있는 작은 교외 도시들을 방문하여 대서양을 눈에 담고 왔다.

그리고 그해 겨울, 포르투갈이 너무 그리워서 참을 수 없었던 나는 포르투에서 사흘을 더 보내고 돌아왔다.

한 달하고 사흘 동안 포르투갈을 여행하면서 느낀 것, 여행 중에 그리거나 만든 것, 부지런히 수집한 도시의 조각, 내가 좋아한 장소와 풍경, 돌아와서 그린 그림을 이 책에 모두 모았다.

짧은 시간 동안 체계적으로 유명한 것들을 보고 싶은 사람에게는 그다지 도움이 되지 않을 이야기일 수도 있다. 나의 여행은 체계적이지도 않았고 유명한 관광지를 돌아보는 것과는 거리가 멀었으니까. 하지만 포르투갈을 잘 여행하는 방법은 촘촘한 계획을

짜는 것이 아니라 빈 공간을 남겨두는 것이 아닐까 생각한다. 보물찾기를 하듯 이 책에도, 어디에도 나오지 않은 장소들을 스스로 발견할 수 있도록. 가고 싶은 곳을 몇 군데만 정해놓고 나머지는 우연에 맡겨도 좋을 것이다.

리스본과 포르투는 생각보다 작고, 골목골목마다 넘칠 만큼 많은 보물들을 품고 있으니, 보물을 찾지 못할까 하는 걱정은 하지 않아도 좋다. 작은 아름다움을 보고자 하는 마음과 그것을 발견하는 눈만 있다면 충분하다.

아무것도 모르고 떠나도 좋은, 리스본과 포르투는 그런 도시다.

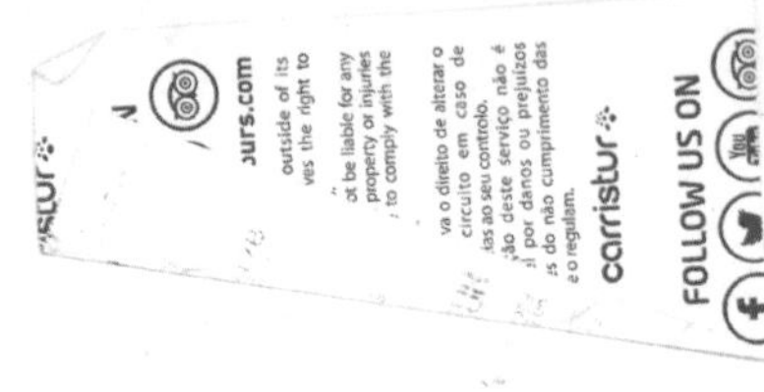

NIF DISTRIA-60905485 NIF ORG:Q-1818001-H
14,00 Eur.+1,40 Eur. =15,40 Eur.(IVA incl.)
Alhambra General
Palacios Nazaríes, Palacio del
Generalife, Palacio del Partal
y Alcazaba
9 29853 190617 0708388 Horario de visita
AL0083081600 De 08:30h a 20h
1 de 1
Fecha visita Hora Palacios Nazaríes
21/08/17 16:00h
GD

"NOS LIVROS APRENDI A FUGIR AO MAL SEM O EXPERIMENTAR."
CAMILO CASTELO BRANCO

O valor de 1 voucher é dedutível na compra de 1 livro. The value of 1 voucher is deductible on 1 book.

LIVRARIA LELLO

PORTO
Ident. TPA:00875955
2017-07-02 19:22:16
Per:029 Tr.106 M:076
MASTERCARD
KANG YOUNG MIN
/
CARTAO: ****4140
A0000000041010
SAMSUNGMASTER
COMPRA 8,95€
Id Estab:0000120419
AUT:112342 MC CNEEAP
Assinatura:

PROCESSADO POR SIBS

Portugal Information

포르투갈 기본 정보

국가번호

+351

국기

위치

유럽 이베리아반도 서부에 위치. 대서양과 맞닿아 있다.

기후

지중해성 기후로 여름에는 비가 잘 내리지 않아 건조하고 8월 평균 기온이 25도 정도로 별로 덥지 않다. 겨울에도 기온이 영하로 떨어지지 않으며 흐리거나 비가 자주 내리는 편이다.

수도

리스본

언어

포르투갈어

시차

한국보다 9시간 느리며, 서머타임 기간(3~10월)에는 8시간 느리다.

비자

솅겐조약 협약국으로 무비자로 90일간 체류가 가능하다.

전압

220V

통화

유로(EUR)

한국 대사관

주소: Av. Miguel Bombarda 36-7, 1051-802 Lisboa, Portugal

전화번호: +351 21 793 7200(업무 시간), +351 91 079 5055(업무 시간 외 긴급 연락처)

BRAGA

PORTO

AVEIRO

COSTA NOVA

COIMBRA

PORTUGAL

NAZARE

SPAIN

OBIDOS

Atlantic Ocean

SINTRA

LISBON

EVORA

FARO

Lisbon

리스본

Lisboa

Lisbon Information

리스본 기본 정보

7개의 언덕이라는 별명을 가진 리스본Lisbon은 포르투갈어로는 리스보아Lisboa라고 한다. 15세기 대항해 시대를 연 해양 강국 포르투갈의 수도인 리스본은 과거의 흔적이 남아 있는 아름다운 도시 풍경, 바다처럼 시원스러운 테주 강, 온화한 기후와 저렴한 물가로 많은 여행자들에게 사랑받는 보석 같은 도시다.

공항에서 시내로

리스본 포르텔라 공항(Lisbon Portela Airport)에서 시내 중심 호시우 광장까지는 7킬로미터 정도의 거리로 시내에서 가까운 편이다.

메트로

공항에서 시내 중심인 호시우(Rossio) 역으로 가려면 한 번 환승해야 한다. 공항에서 빨간색(Vermelha) 선을 탑승한 후, 알라메다(Alameda) 역에서 카이스 두 소드레(Cais do Sodré) 역 방향의 녹색(Verde) 선으로 갈아탄다.

소요 시간: 약 20분

요금: 1회권 1.45유로

운행 시간: 06:30-01:00

공항버스

환승 없이 시내 중심으로 들어갈 수 있어 편리하다. 2개의 노선이 순환선으로 운행된다.

AERO BUS 1번 - 시내 중심행(카이스 두 소드레 역, 호시우 역 등)

AERO BUS 2번 - 세테 리오스(Sete Rios) 역행

소요 시간: 30-40분

요금: 편도 4유로

운행 시간: 07:30-23:00(1번, 20-25분 간격), 07:40-22:45(2번, 20-25분 간격)

택시

시내와 공항이 멀지 않으니 짐이 많거나 늦은 시간에 도착했을 때, 택시를 이용하면 편리하다. Uber, Cabify, My Taxi 등 택시 애플리케이션을 이용하면 더 편하고 저렴하게 이용할 수 있다.

소요 시간: 약 20분

요금: 약 15-20유로

리스보아 카드 Lisboa Card
해당 시간 내 리스본 대중교통(버스/트램/메트로)을 자유롭게 이용 가능하며(공항버스는 50퍼센트 할인), 다양한 관광지에서 할인 혜택을 받거나 무료로 입장할 수 있다(제로니무스 수도원, 벨렘 탑, 상 조르즈 성 등).
요금: 24시간-19유로, 48시간-32유로, 72시간-40유로

비바 카드 Viva Viagem Card
충전식 교통 카드로, 24시간권 구매 시 리스본 대중교통(버스/트램/메트로)을 무제한으로 이용 가능하다(산타 후스타 엘리베이터, 푸니쿨라 무료 이용 가능). 메트로 역 내 'Bilhetes e passes'라고 적힌 자동판매기에서 구입할 수 있다.
요금: 1회권-1.45유로, 24시간권-6.3유로(보증금 0.5유로)

MAP
바이샤, 치아두 Baixa, Chiado 테주 강에서 호시우 광장까지 격자형 대로로 연결된 평지 지역. 리스본의 구시가지이자 중심가로 여러 관광지와 인접해 있다.
알파마 Alfama 바이샤 지구의 동쪽 언덕에 있는 리스본에서 가장 오래된 지역으로 과거의 리스본이 지녔던 모습을 엿볼 수 있다.
바이후 알투 Bairro Alto 바이샤 지구의 서편 언덕에 위치한 지역으로 레스토랑, 카페, 상점들이 몰려 있다.
벨렘 Belém 시내 중심에서 서쪽으로 6킬로미터 떨어진 곳에 위치해 있다. 제로니무스 수도원, 벨렘 탑, 발견 기념비 등 대항해 시대의 발자취가 남아 있는 지역이다.

3A

도착

거의 언제나, 여행의 시작 혹은 끝에 크고 작은 사고를 치곤 한다. 두 달의 긴 유럽 여행을 5일 정도 남겨두고 작업실에서 저녁을 먹으며 인터넷 서핑을 하고 있던 나는 비행기가 다음 날 아침 11시 인천국제공항을 출발한다는 문자메시지를 받았다. 내가 친 사고인지, 항공사 직원이 친 사고인지는 모르겠다. 일정 변경을 하지 않은 항공사 직원과 그걸 제대로 체크하지 않은 나, 둘 다의 잘못일 거다.

5일 뒤로 예정되어 있던 포르투 인-리스본 아웃 비행기 대신 내일 당장 리스본행 비행기를 타야 한다. 마치 벼락이라도 맞은 듯 혼비백산해 정신이 없었다. 리스본에서 머물 숙소를 구해야 했고, 떠나기 전에 처리해야 하는 일들을 모두 마쳐야 했고, 무엇보다 짐을 싸야 했다. 가져가고 싶은 책, 작업 재료, 가서 입을 옷 등 모든 것을 깊이 생각할 겨를이 없었다. 일단 되는 대로 마구 캐리어에 던져 넣었다. 숙소는 호텔 예약 사이트에 들어가자마자 첫 번째 페이지에 걸려 있는 곳 중 하나를 골라 예약했다. 모든 준비와 결정은 일사천리로, 뇌를 스쳐 지나가는 수준으로 진행되었다.

꼴딱 밤을 새운 후 인천국제공항에 도착해 짐을 부치고,

프랑크푸르트에서 환승을 하고, 리스본 포르텔라 공항에 도착할 때까지도 나는 여전히 제정신이 아니었다. 내 정신은 아직도 다음 날 오전 11시 출발이라는 문자에 충격을 받은 그 저녁에 멈춰 있고 몸만 덜렁 리스본에 도착한 기분이었다. 아, 그러고 보니 주말에 만나기로 한 친구에게 지금 리스본에 있어서 만나지 못한다는 문자도 보내야 했다.

그렇게 여행의 마지막 코스였던 리스본은 첫 도착지가 되었다.

구석진 호텔

3분 만에 얼렁뚱땅 고른 호텔에 도착했을 때 첫인상은 '역시 싼 게 비지떡'이었다. 호스텔과 호텔 사이의 어딘가, 아니 고시원에 더 가까운 좁은 호텔방에는 TV도 없었고 화장실도 없었으며 당연히 샴푸나 비누 같은 편의용품도 없었다. 창문을 열면 아주 가깝게 붙은 건물 벽면이 창을 가득 채웠다. 하지만 짐을 풀고 몸을 누일 작은 공간이 있다는 사실만으로도 안심이 되었다.

캐리어를 두고 호텔 밖으로 나오자 거리의 모습이 눈에 쏟아져 들어왔다. 작열하는 태양 아래로 천천히 걸음을 옮겼다. 눈에 보이는 모든 것이 며칠 전까지 내가 있던 곳에서 만 킬로미터나 떨어진 곳에 있음을 실감하게 했다. 파스텔 톤의 낡은 건물 벽, 벽을 장식하는 온갖 타일, 대문 위에 적힌 개성 있는 모양의 숫자, 포르투갈어로 된 간판…… 아주 사소한 것마저 이국적이고 새로웠다.

처음에는 호텔이 일반적인 관광지와 멀다는 사실을 깨닫지 못했다. 며칠이 지나자 그 호텔 주변에는 아무것도 없다는 것을 알게 되었다. 관광객 대신 분주하게 출근하는 사람들, 관광 상품을 파는 가게 대신 스탠딩 커피숍이나 미용실, 야채 가게 같은 평범한 일상의

RESIDENCIA
MAR DOS
ACORES

공간들이 거리를 채우고 있었다.

매일 아침 리스본의 구석에서 활기찬 시내로 나갔다가 다시 작은 호텔방으로 돌아온다. 만약 그 구석진 호텔을 선택하지 않았다면 지나가지 않았을 길과 거리를 걸어서.

여행의 시작, 호시우 광장

본격적인 여행은 호시우 광장Praça do Rossio에서 시작되었다. 호시우 광장은 리스본을 방문한 사람이라면 모두가 한 번은 지나가게 되는 도시의 중심 광장이다. 기차, 메트로, 트램 등 다양한 교통수단이 이 광장을 지나며, 많은 숙소가 호시우 광장 근처에 위치해 있다.

호시우 광장의 정식 이름은 동 페드루 4세 광장. 화려한 분수 뒤로 포르투갈 왕실 출신의 브라질 황제였던 페드루 4세의 동상과 국립극장이 자리 잡고 있다. 호시우 광장에서 가장 인상적인 것은 포르투갈 특유의 바닥 장식인 칼사다 포르투게사Calçada Portuguesa를 이용해 만든 물결 모양의 보도다. 흰색 돌과 검은색 돌을 이용해 모자이크를 하듯 만들어진 커다란 물결무늬는 광장에 경쾌한 리듬을 자아낸다. 넘실대는 물결무늬를 밟으며 수많은 사람들이 지나간다.

호시우 광장에서 조금만 걸어가면 우아한 파사드를 자랑하는 호시우 역이 있다. 말발굽 두 개를 겹친 모양의 입구와 전면을 빽빽하게 채운 조각 장식들과 멋진 시계를 가진 호시우 역은 16세기 포르투갈에서 유행하던 마누엘 양식을 낭만주의적으로 재창조한 신마누엘 양식으로 지어졌다. 호시우 역은 과거 포르투갈의 다른 도시들과 리스본을 잇는 중앙역 역할을 했지만, 현재는 대부분의 열차 노선이 산타 아폴로니아 역으로 옮겨가고 신트라 선 단거리 열차만 운행하고 있다.

숙소 위치가 호시우 광장 근처가 아니었음에도 이곳을 자주 방문한 이유는 호시우 역 1층에 있는 스타벅스 때문이었다. 여름이면 하루에도 몇 번씩 아이스커피를 마시는 습관이 있는 나는 포르투갈 대부분의 카페에서 아이스커피를 팔지 않는다는 사실에 온종일 괴로워하다가 결국 스타벅스에 들르기 위해 일부러 호시우 역으로 향했다. 우아한 말발굽 모양의 아치로 들어가 시원한 아이스커피 한 잔을 사 들고 물결무늬 광장으로 나오면 새롭게 여행을 시작하는 기분이 들었다.

Rossio train station

주소: R. 1º de Dezembro, 1249-970 Lisboa, Portugal

Starbucks

주소: 125, R. 1º de Dezembro, Lisboa, Portugal

운영 시간: 07:30-24:00

28번 트램이 이끄는 대로

"만약 당신이 리스본에서 딱 하루의 시간만 보낼 수 있다면, 28번 트램을 탈 것을 추천한다."
갑자기 리스본에 떨어지게 된 내가 공항에서 급히 리스본 정보를 찾으며 읽은 문구다.

7개의 언덕이라는 별명을 가진 리스본의 언덕들 곳곳은 트램이 거미줄처럼 연결하고 있다. 그중 28번 트램은 가장 중요한 언덕과 관광지를 빠짐없이 지나간다. 마치 친절한 여행 가이드처럼.

나는 하루를 '트램의 날'로 정하고 비바 카드 1일권을 구매했다. 마음에 드는 곳에서 내렸다가 다시 타는 식으로 종일 트램을 타고 여기저기를 돌아볼 작정이었다.

28번 트램의 기점Tram 28 Initial Stop에서 차례로 줄을 서서 기다린다.
경쾌한 노란색 트램의 내부는 클래식한 나무로 되어 있어 아늑하고 편안하다. 물론 자리에 앉았을 때의 이야기다. 트램은 출근길의 만원 버스처럼 빽빽하게 사람을 싣고 출발한다. 빠르지도 느리지도 않은 속도로 언덕을 오르내리는 트램 밖으로 보이는 거리는 손을 뻗으면

닿을 듯 가깝다. 마틴 모니즈 광장에서 출발한 트램은 그라사 전망대, 상 조르즈 성, 포르타스 두 솔 전망대, 알파마 지역, 대성당을 거쳐 바이샤 지역으로 내려온 후 바이후 알투Bairro Alto 지역으로 올라갔다가 서쪽으로 이동한다.

타고 내리기를 반복하며 28번 트램이 가는 길을 따라가다보니 리스본의 전체적인 느낌이 머릿속에 그려졌다. 정말로, 28번 트램이 안내하는 대로만 따라가도 오늘의 여행은 성공이다.

ABRICA CERAMICA
CAFÉS
TOFA
TOFA
BALCÃO DO ALMIRANTE

Tram 28 Initial Stop
주소: R. Sra. Saúde 6B, 1100-390 Lisboa, Portugal
운영 시간: 06:00-24:00
요금: 1회권 2.85유로

Lisbon Tram Route Map

12E: 마틴 모니즈(Martim Moniz) -> 마틴 모니즈
알파마 지역의 좁은 골목과 언덕을 오른다.
15E: 피게이라 광장(Pç.Figueira) -> 알제(Algés)
피게이라 광장에서 벨렘 지역까지 테주 강변을 따라 운행한다.
18E: 카이스 두 소드레(Cais do Sodré) -> 아주다 공원묘지(Cemitério Ajuda)
25E: 피게이라 광장(Pç.Figueira) -> 캄푸 드 오우리케(Campo de Ourique)
28E: 마틴 모니즈 -> 캄푸 드 오우리케
바이후 알투, 바이샤, 그라샤, 알파마 지구 등 리스본의 주요 지역들을 운행한다.

28번 트램 루트의 추천 관광지

리스본 대성당 Sé Catedral de Lisboa
주소: Largo da Sé, 1100-585 Lisboa, Portugal
운영 시간: 10:00-19:00 (일요일, 공휴일은 17:00까지)

포르타스 두 솔 전망대 Miradouro das Portas do Sol
주소: Largo Portas do Sol, 1100-411 Lisboa, Portugal
운영 시간: 24시간

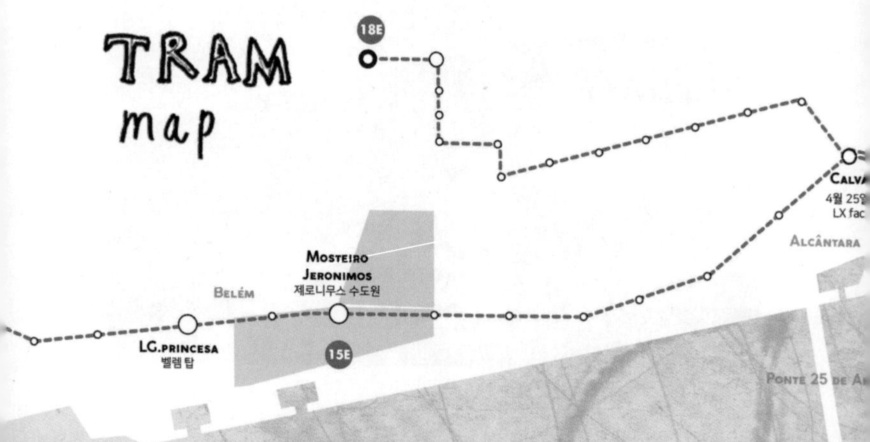

→ 그라샤 전망대 Miradouro da Graça

주소: Calçada da Graça, 1100-265 Lisboa, Portugal

운영 시간: 24시간

→ 상 조르즈 성 Castelo de São Jorge

주소: R. de Santa Cruz do Castelo, 1100-129 Lisboa, Portugal

운영 시간: 11-2월 09:00-18:00, 3-10월 09:00-20:00

입장료: 성인 8.5유로, 학생 5유로

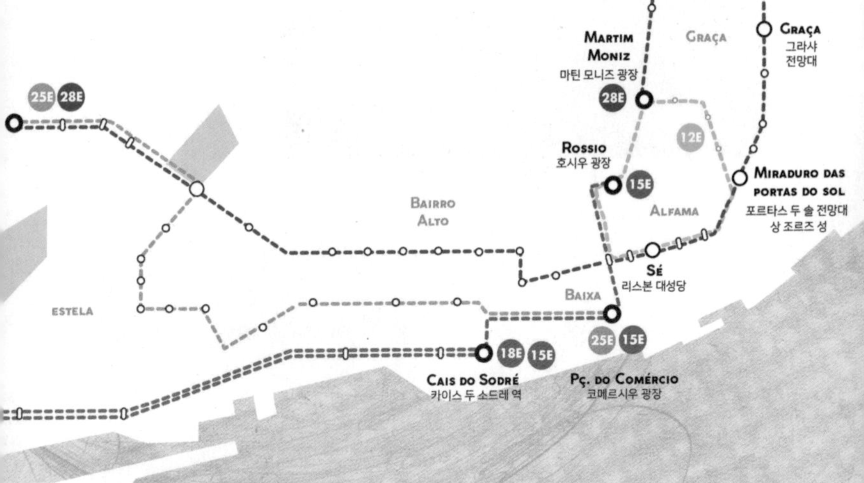

오래된 골목골목을 헤매다보면, 알파마 지구

28번 트램을 타고 언덕을 몇 번 오르고 나면 알파마Alfama 지구를 만나게 된다. 고개를 살짝 들어보면 여기저기 창가에 널린 빨래들이 햇살을 받으며 나부끼고 있다. 좁고 오래된 골목들이 미로처럼 펴져 있다. 원래 내리려고 했던 곳은 아니었지만 일단 트램에서 내려 걷기 시작했다.

지금 리스본의 모습을 만든 가장 중요한 사건은 리스본 대지진일 것이다. 1755년 11월 1일 아침, 가톨릭 국가의 중요한 축일인 만성절All Saint's Day에 전대미문의 대재앙이 리스본을 덮쳤다. 대지진과 함께 거대한 지진해일이 몰려왔고, 만성절을 기념하며 집집마다 피워둔 촛불로 인해 여기저기 화재까지 일어나며 도심의 90퍼센트가 파괴되었다. 리스본 대부분의 성당과 건물이 붕괴된 와중에 유일하게 살아남은 곳은 아이러니하게도 가난한 홍등가였던 알파마 지역이었다. '신은 어디 있는가'. 포르투갈에서 신앙의 절대 권력이 무너지고 이성과 철학, 과학이 힘을 얻는 순간이었다. 현재의 리스본은 대지진 이후 대대적인 재건으로 만들어졌다. 견고한 암반 덕분에 대지진에도 무사했던 알파마 지역은 아주 오래전 리스본의 낡고 투박한 모습을 그대로 간직하고 있다.

알파마 골목에서 파두Fado를 연주하는 카페들을 만날 수 있었다. 라틴어로 '운명, 숙명'을 뜻하는 'fatum'에서 유래한 'fado'라는 단어처럼, 바다는 포르투갈 사람들의 삶이자 숙명이었다. 바다로 떠난 사람들과 남은 사람들의 그리움과 애환. 기타 반주에 맞춰 조용하면서도 격정적으로 부르는 구슬픈 노래에 담긴 희로애락은 알파마의 골목골목에 깊이 스며 있다.

언덕의 카페 Café da Garagem

알파마 지구에 위치한 이 카페를 찾아가는 길은 험난했다. 구글 지도가 제공하는 최적의 직선거리는 그 거리가 이동하기 편하다는 뜻은 아니다. 아니 알파마 지역에서 이동하기 편한 길이란 없을지도 모른다. 뜨거운 대낮에 여러 번의 급경사 언덕과 계단, 구불구불한 골목과 알 수 없는 그라피티로 뒤덮인 좁은 뒷길, 미로처럼 꼬인 길을 지나 힘겹게 카페에 도착했다. 카페 다 가라젬Café da Garagem. '창고 카페'라는 뜻의 이 카페는 극장, 전시장, 카페 등이 모여 있는 복합문화공간이다.

카페에 들어서자마자 보이는 도시의 풍경은 고단함마저 잊게 했다. 커다란 격자무늬 창문 너머로 스치며 보았던 알파마 지구의 집들이 오밀조밀 언덕을 따라 높낮이를 달리하며 펼쳐졌고, 탁 트인 파란 하늘과 빨간 지붕이 어우러지며 산뜻한 조화를 이루고 있었다.

커피와 샐러드를 곁들인 키시Quiche를 주문했다. 작은 카페이지만 한쪽 면이 모두 창문이라 어디에 앉든지 경치를 볼 수 있다. 알파마 지구에서 가장 유명한 전망대인 솔 전망대에서 본 시원스러운 테주 강 전망에 비하면 오래된 건물들의 지붕만이 보이는 평범한 풍경이다. 그래서 더 편안하고 특별한 경치를 하염없이 바라본다.

Café da Garagem

주소: Costa do Castelo 75,
1100-178 Lisboa, Portugal
전화번호: +351 21 885 4190
운영 시간: 화-금 17:00-24:00, 토-일
15:00-24:00 (월 휴무)
홈페이지: teatrodagaragem.com

이렇게 특별한 경치를 가진 카페를 보면 처음 이곳에 카페를 차려야겠다고 마음먹은 카페 주인을 상상하게 된다. 이 자리를 계약하고 돌아가는 길, 공간은 텅 비어 있고 모든 가능성은 주인의 머릿속에만 들어 있다. 어떤 음식을 팔지, 어떤 손님들이 와서 어떤 기분을 느꼈으면 좋겠는지, 어떤 분위기를 내고 싶은지, 그리고 이 풍경을 어떻게 공유하고 싶은지. 주인의 상상이 하나둘 실현되어 만들어진 공간에 사람들이 찾아오기 시작한다. 이제 이 카페를 어떻게 즐길지는 손님의 영역이다.

어느 날은 해가 지는 시간에 와서 노을을 보며 책을 읽고 싶은, 어느 날은 그림을 그리고 싶은, 어느 날은 그냥 종일 창밖의 평범한 경치를 보며 하루를 보내고 싶은…… 그렇게 다른 시간대에 여러 번 오고 싶은 그런 공간이었다. 이곳의 주민이 되어 카페 다 가라젬의 단골손님이 된 나를 상상하며 에스프레소를 한 잔 더 주문했다.

에그타르트를 먹으러 간 벨렘

시내 중심에서 30분 정도 떨어진 벨렘Belém을 오늘의 마지막 목적지로 정하고 코메르시우 광장에서 15번 트램을 기다렸다.

벨렘 지역은 대항해 시대의 탐험가 바스쿠 다 가마Vasco da Gama가 아프리카 항해를 떠난 바로 그 자리에 위치한 벨렘 탑과 발견 기념비, 선원들이 항해를 떠나기 전 기도를 드렸다는 제로니무스 수도원 등 16세기 포르투갈 대항해 시대의 영광과 흔적이 가득하다. 하지만 정작 내가 벨렘 지역에서 가장 가고 싶었던 곳은 원조 에그타르트(포르투갈어로 nata)를 만들었다는 파스테이스 드 벨렘Pastéis de Belém이었다.

트램을 타고 도착한 한낮의 벨렘은 왁자지껄한 관광객으로 북적였다. 정류장에서 내리자마자 거리에서 가장 붐비는 곳으로 향한다. 파란색 간판이 달린 클래식한 가게 앞으로 늘어선 꽤나 긴 줄에 합류했다. 내 차례를 기다리며 앞 사람들이 주문하는 것을 듣고 있으니 모두가 에그타르트를 열 개씩 주문한다. 카페 직원들은 이런 인파에 익숙한지 능숙하게 주문을 받아 적는다. 드디어 내 차례가 왔다. 줄을 선 것이 아까워 세 개 정도 사볼 생각이었는데 막상 내 입에서 나온 말은 타르트 한 개를 달라는 주문이었다. "just one?" 하고 직원이 되묻는다. "yes."

MARCA REGISTADA
ANTIGA CONFEITARIA DE
Pastéis de Belém
desde 1837
R. BELEM
LISBOA
84 a 88
PORTUGAL

복잡한 가게 앞을 지나 한적한 골목에서 에그타르트를 꺼냈다. 타르트에 슈가 파우더를 솔솔 뿌리고 한 입 깨물었다. 겉은 캐러멜화된 설탕이 바삭하게 씹히고 속은 촉촉하고 부드러웠다. 여태 먹어본 에그타르트 중 가장 맛있는 에그타르트였다. 순식간에 다 먹고 나니 후회가 밀려왔다. 역시 세 개를 샀어야 했는데!

Pastéis de Belém

주소: R. de Belém 84-92, 1300-085 Lisboa, Portugal

전화번호: +351 21 363 7423

운영 시간: 8:00-24:00

홈페이지: pasteisdebelem.pt

식물원 산책

벨렘 탑을 보고 난 후 제로니무스 수도원에 가보려고 지도를 보던 중 'Botanical garden'이라는 글자가 눈에 들어왔다. 식물원을 좋아하는 나는 일부러 시간을 내어 여행지에서 식물원에 가곤 한다. 도시마다 다른 특징을 가진 식물원을 보는 일은 언제나 흥미롭다. '리스본의 식물원은 어떤 모습일까' 하는 궁금함에 일단 식물원Jardim Botânico Tropical으로 향했다.

뜨거운 여름날, 나는 그늘 한 점 없는 벨렘 탑과 발견 기념비 아래에서 더위를 먹은 상태였다. 식물원으로 들어가자 커다란 야자수와 몇 백 년은 족히 살았을 것 같은 키 큰 나무들이 그늘을 만들어주었다. 그 아래로 걸으니 마음이 편안해지고 숨이 깊게 쉬어졌다. 아주 큰 규모의 식물원은 아니었지만 새 그림이 그려진 타일 벽화, 진한 분홍색 건물들과 아기자기하게 꾸며진 정원은 이곳을 특별하게 만들어주었다. 온실 앞에는 공작새들이 자유롭게 돌아다니고 있다. 나는 금세 이 식물원이 마음에 들었다.

식물원 안쪽 건물에는 포르투갈 디자이너들의 작품이 전시되어 있었다. 예상치 못한 전시까지 보다니 운이 좋다고 해야 할까. 잠깐 둘러봐야지

하고 식물원에 들어왔는데 생각보다 볼거리가 많았던 거다. 결국 제로니무스 수도원에 가는 건 포기하고 식물원 구석구석을 천천히 걸었다.

언제나 식물원 산책은 실패하는 일이 없다.

Jardim Botânico Tropical

주소: Tv. Ferreiros a Belém 41, Lisboa, Portugal

전화번호: +351 21 360 9660

운영 시간: 9:00-20:00

입장료: 2유로

Trabalhamos para que o design nos conecte não apenas via consumo, mas via o desejo de transformar a realidade.
Quem não repensou seu próprio lugar no mundo, recomendo se apressar. Garanto que vai valer a pena.

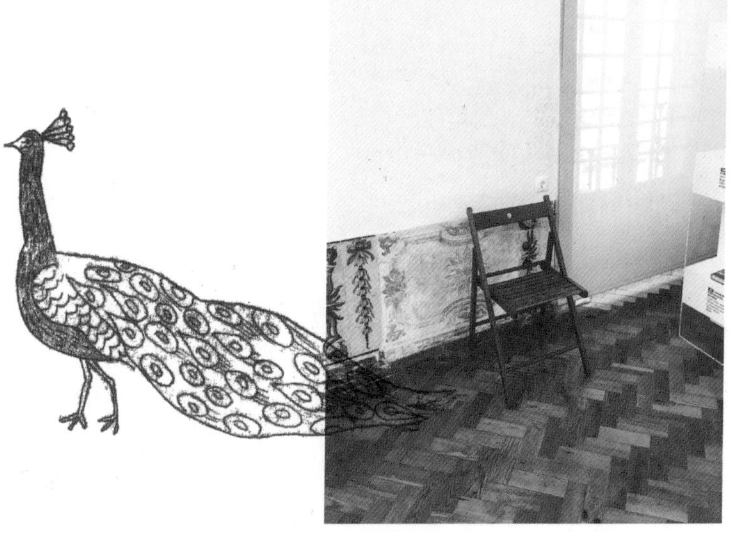

창조적인 섬, LX 팩토리

오래된 것들이 아름다운 리스본이지만 과거에 머무르기를 거부하는 젊은 세대들은 도시 구석구석에 새로운 공간을 창조해낸다.

테주 강을 가로지르는 4월 25일 다리와 강변도로가 만나는 지점의 바로 아래, 기하학적인 네온사인으로 장식된 터널 같은 입구를 지나면, 알칸타라Alcántara 지역에 방치된 공장들을 개조해 만든 복합문화공간 LX 팩토리LX factory가 나온다. 그들은 이 공간을 '창조적인 섬'으로 부른다. 처음 베를린에 갔을 때와 비슷한 분위기가 느껴졌다. 여기저기 그려진 그라피티, 러프하고 자유로운 공간, 멋진 것으로 가득한 가게…… 어쩐지 가슴을 두근거리게 만드는 공기가 흘렀다.

그중에서도 서점 레르 데바가르Ler Devagar는 2층 높이의 천장까지 가득 채운 책들이 아주 인상적인 공간이었다. 또 이 서점의 마스코트인 공중에 매달린 자전거를 타고 날아가는 사람 모빌은 책을 좋아하지 않는 사람들도 인상적으로 느낄 만했다. 방직공장과 인쇄소를 개조해 만든 서점인 'Ler Devagar'는 포르투갈어로 '천천히 읽기'라는 뜻이다. 서점에 딸린 카페에서 커피와 케이크를 먹으며 책을 읽어도 좋고, 책을 사서 집으로 돌아가 천천히 읽어도 좋겠다. 공중으로 날아가는 사람

모빌은 이곳으로 모여드는 문학과 예술을 좋아하는 공상가들의 모습을 보는 것만 같다.

그 공상가의 마음으로 LX 팩토리에 위치한 매거진 키오스크MAG kiosk, 로컬 맥주를 파는 카페, 레스토랑, 편집 숍, 코워킹 스페이스, 화방, 독립출판을 할 수 있는 공간들을 분주하게 돌아다녔다.

LX factory
주소: R. Rodrigues de Faria 103, 1300-501 Lisboa, Portugal
전화번호: +351 21 314 3399
운영 시간: 06:00-02:00
홈페이지: www.lxfactory.com

Ler Devagar
주소: 1300, R. Rodrigues de Faria 103, Lisboa, Portugal
전화번호: +351 21 325 9992
운영 시간: 12:00-24:00
홈페이지: www.lerdevagar.com

Café na Fábrica
주소: LX Factory, Edifício E, R. Rodrigues de Faria 103, 1300-501 Lisboa, Portugal
전화번호: +351 21 401 1807
운영 시간: 09:30-21:00
홈페이지: www.facebook.com/cafedafabrica

MAG kiosk

주소: R. Rodrigues de Faria 103, 1300-501 Lisboa, Portugal

전화번호: +351 21 192 0870

운영 시간: 월-금 09:00-19:00, 토-일 12:00-19:00

홈페이지: www.magkiosk.com

좋은 아침이야, 점심을 먹자

늦게 일어나버린 날은 어쩐지 손해를 본 기분이 든다. 이른 아침부터 여는 카페에 가서 아침 식사를 하고 미술관에 가려고 했는데 첫 계획부터 틀어져버렸다. 하지만 별로 조급할 것은 없다. 예상치 못한 비행기 일정 변경으로 리스본에서의 일정이 길어졌기에 오늘 가지 못한 곳은 내일 가면 된다고 생각하자 마음이 편했다. 이곳에 다시 못 올지도 모른다는 마음, 시간 내에 모든 것을 다 보아야 한다는 마음만큼 여행을 빡빡하게 만드는 것이 있을까.

11시 30분, 아침과 점심 사이 경계의 시간에 거리로 나선다. 아직 본격적으로 뜨거워지기 전의 공기는 상쾌하다. 30분 거리에 위치한 카페로 천천히 걸어서 간다. 언덕과 계단을 몇 차례 오르내린 후 파브리카 커피 로스터스Fábrica Coffee Roasters에 도착해 크루아상과 카페라테를 오늘의 아침 겸 점심으로 주문했다. 바로 옆 레스토랑들은 점심 영업을 준비하고 있다. '가을방학'의 〈좋은 아침이야, 점심을 먹자〉 노랫말처럼 느긋하게 테라스의 햇살과 커피를 즐겨본다. 보지 못한 것들에 미련을 두기보다는 지금 보고 있는 것들에 집중하면서. (미술관에는 결국 가지 못했다. 조급함도 문제지만 게으름도 문제다.)

Fábrica Coffee Roasters

주소: Rua das Portas de Santo Antão 136, 1150-269 Lisboa, Portugal

전화번호: +351 21 139 9261

운영 시간: 08:00-20:00

홈페이지: www.fabricacoffeeroasters.com

ABERTO
FABRICA
ESPRESSO
AMERICANO
LATTE
CAPPUCCINO
ICED COFFEE
COLD BREW
BREWING
SANDWICHES
SALADS
CRAFT BEER
WINE

하늘 가까이, 산타 후스타 엘리베이터

아우구스타Augusta 거리를 걷다보면 비슷비슷한 높이의 건물들 사이로 갑작스럽게 솟아 있는 우아한 철제 구조물을 만나게 된다. 리스본의 하부인 바이샤 지구와 상부인 바이후 알투 지역을 이어주는 산타 후스타 엘리베이터Elevador de Santa Justa. 에펠탑을 건축한 에펠의 제자가 만든 이 오래된 철제 엘리베이터는 백 년이 넘는 시간 동안 사람들을 싣고 오르내렸다.

꼭대기에는 리스본 시내가 한눈에 내려다보이는 전망대가 있다. 전망대라고 하면 다른 대도시에서처럼 50층, 100층 높이는 되어야 할 것 같지만, 산타 후스타 엘리베이터의 높이는 고작 45미터. 높은 건물이 많지 않은 리스본에서는 이 정도 높이로도 충분히 도시의 지붕들을 내려다볼 수 있다. 줄을 서서 기다린 시간이 무색하게 단 몇 초 만에 25명 정원의 승강기가 상부에 도착한다. 아르누보 스타일의 나선형 계단을 타고 한 층 더 올라가면 탁 트인 도시의 풍경이 펼쳐진다. 강이라는 사실을 알고 있음에도 항상 바다처럼 보이는 테주 강까지 이어진 붉은색 지붕 위로 새파란 하늘이 닿아 있다. 이 기분 좋은 색의 대비는 리스본의 상징처럼 느껴진다.

엘리베이터 상부에서 뒤쪽으로 연결된 다리를 건너면 바이후 알투 지역이다. 다리는 카르무 수도원과 바로 연결되는데, 목이 말랐던 나는 수도원은 제쳐두고 그 옆에 있는 멋진 칵테일 바 테라스로 홀린 듯이 걸어갔다. 토포 치아두Topo Chiado라는 이름의 바였다. 전망대에서 도시를 아래로 내려다보는 것도 물론 좋았지만, 편안한 의자에 기대어 지붕과 가장 높은 층의 창문들을 눈높이에 두고 하늘 가까이서 마시는 시원한 모히토 한 잔, 이 모든 게 완벽하고 다시없을 멋진 조합처럼 느껴졌다.

Elevador de Santa Justa

주소: R. do Ouro, 1150-060 Lisboa, Portugal

전화번호: +351 21 413 8679

운영 시간: 07:00-22:45

입장료: 엘리베이터 5유로(비바 카드 1일권이나 리스보아 카드로 무료 입장 가능), 전망대 1.5유로

Topo Chiado

주소: Terraços do Carmo, 1200-288 Lisboa, Portugal

전화번호: +351 21 342 0626

운영 시간: 일-목 11:00-02:00, 금-토 12:00-02:00

리스본에서 쇼핑하기

리스본에서 가장 유명한 쇼핑 거리는 코메르시우 광장까지 쭉 뻗은 아우구스타 거리이지만 사실 그 주변 거리들에 볼거리가 더 많다. 바이샤-치아두Baixa-chiado 역 근처의 카르무Carmo 거리와 가헤트Garrett 거리 근처의 길을 오가면서 지갑을 열었던 (혹은 열 뻔했던) 멋진 가게들의 리스트!

Small garden Florist

작고 아름다운 꽃 가게. 숙소에 꽂아둘 꽃 한 다발을 사는 것이 로망이지만 첫 번째 숙소는 꽃과 너무나 어울리지 않았기에 다음을 기약하기로 한다.

R. Garrett 61, 1200-203 Lisboa, Portugal

Bertrand

세상에서 가장 오래된 서점에서 『Lost in Lisbon』을 샀다.

R. Garrett 73, 1200-309 Lisboa, Portugal

Paris EM lisboa

질 좋은 리넨으로 만들어진 다양한 제품들이 색깔별로 차곡차곡 쌓여 있다.

R. Garrett 77, 1200-273 Lisboa, Portugal

Beneton

여름이면 파격적인 할인에 들어가는 베네통에서 마음에 드는 줄무늬 원피스를 샀다. 세일을 뜻하는 "Saldos"가 쇼윈도에 커다랗게 붙어 있다.

R. Garrett 83, 1200-273 Lisboa, Portugal

José Saramago
LOST iN
English edition
Lisbon
Lisbon
Lisbon

Livraria Sá da Costa

고서점. 맞은편 거리의 헌책 가판대에서 오래된 책들을 천천히 넘겨본다.

R. Garrett 100, 1200-273 Lisboa, Portugal

A Brasileira Café

아주 오래된 카페로 포르투갈 국민 시인인 페르난두 페소아의 단골 카페였다고 한다. 항상 사람들로 넘쳐나는 곳.

R. Garrett 120, 1200-094 Lisboa, Portugal

A Vida Portuguesa

오래된 향수 공장을 개조해 포르투갈의 멋진 물건들을 소개하는 편집 숍. 이곳에 들어가서 빈손으로 나오기는 거의 불가능하다.

R. Anchieta 11, 1200-023 Lisboa, Portugal

Cutipol

한때 큐티폴의 수저가 사고 싶어서 안달이 난 적이 있었는데, 큐티폴이 포르투갈 브랜드라는 것을 리스본 큐티폴 매장에 들어와서야 알았다. 작은 매장이지만 아름다운 주방 용품이 가득하다.

R. do Alecrim 115, 1200-015 Lisboa, Portugal

The Fitting Room

세련된 의류 편집 숍. 포르투갈의 물가에 비하면 꽤 비싼 편이지만 그만큼 예쁜 옷들이 많다. 마음에 쏙 드는 분홍색 니트와 녹색 우비를 샀다.

Calçada Sacramento 26, 1200-203 Lisboa, Portugal

Muji

포르투에서 만난 친구는 리스본에 갈 일이 있을 때마다 무인양품 리스본점에 들러 문구류를 사 온다고 했다. 간격을 맞춰 잘 정리된 물건들 사이에 있으면 괜히 마음의 평화가 찾아온다.

R. Carmo 65-73, 1200-288 Lisboa, Portugal

Luvaria Ulisses

수제 맞춤 장갑 가게. 두 사람이 들어가면 꽉 찰 만큼 작은 가게다. 손에 착 감기는 딱 맞는 장갑을 골라준다.

R. do Carmo 87-A, 1200-093 Lisboa, Portugal

A Outra Face da Lua

빈티지숍 겸 카페다. 가게의 반은 빈티지 의류들이 차지하고 있고, 나머지 반은 카페로 운영되고 있다. 마음에 드는 가죽 가방을 만지작거리다 그냥 나온 것이 아쉽다.

R. Assunção 22, 1100-044 Lisboa, Portugal

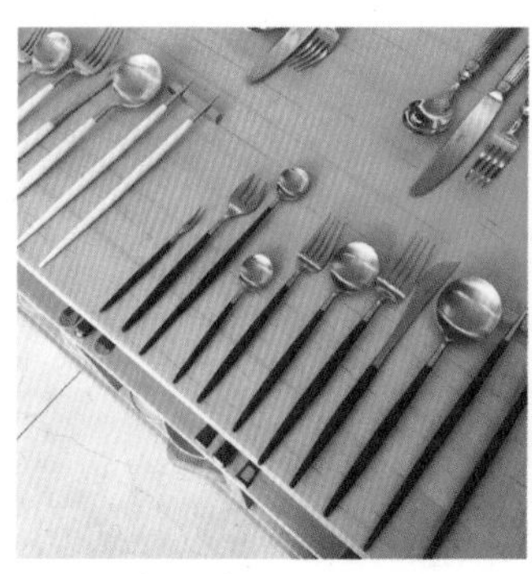

MODAS
PARIS EM L
NOVIDADES

LUVARIA
ULISSES
87
LUVAS

역사와 맞닿은 코메르시우 광장

아우구스타 거리에서 아래쪽으로 쭉 걸어 내려와 우뚝 솟은 개선문을 통과하면 테주 강과 맞닿은 리스본에서 가장 큰 광장, 코메르시우 광장Praça do Comércio을 만나게 된다. 탁 트인 광장 뒤로 흐르는 드넓은 테주 강은 아무런 사전 정보 없이 본다면 바다처럼 보인다. 실제로 리스본을 떠나기 며칠 전까지 나는 이곳이 바다와 맞닿은 광장이라고 생각했다. 테주 강은 이베리아반도에서 가장 긴 강으로, 스페인에서 발원하여 포르투갈 리스본에 이른 후 대서양으로 빠져나간다. 이 테주 강의 하류에 위치한 리스본은 자연히 항구도시로 발전하게 되었다. 코메르시우는 포르투갈어로 '무역'이라는 뜻이며, 16세기에 포르투갈 왕궁이 이곳에 위치했기에 코메르시우 광장은 '궁전 광장'이라고도 불린다.

광장의 중심에는 돈 호세 1세의 기마상이 서 있다. 그는 1755년 리스본 대지진이 일어나 폐허가 된 리스본을 현재 리스본의 모습으로 재정비한 왕이다. 제2의 번영기를 누리던 왕정은 1908년 카를로스 1세가 마차를 타고 이 광장을 지나다 공화당원에게 총을 맞아 사망하는 사건으로 막을 내린다. 리스본 역사의 중요한 장면들이 펼쳐진 이 광장에는 오늘도 각자의 역사를 가진 사람들이 왔다가 떠나간다.

DELTA
CAFÉS

포르투갈에서 커피 마시는 법

포르투갈에서 커피를 마신다는 것은 중요한 비즈니스다. 아침에 일어나면 으레 커피를 마시고, 식사를 마치면 그 자리에서 에스프레소 한 잔을 마신다. 밤 늦게까지도 모두들 테라스에서 술이 아니면 커피를 마시고 있다. 카페가 널려 있으며, 카페가 아닌 여느 음식점에서도 커피를 주문할 수 있다. 무엇보다 가격이 1유로 정도로 매우 저렴하다. 포르투갈 사람들만큼이나 커피를 좋아하는 나에게 이곳은 천국과 다름없었지만, 포르투갈의 카페 메뉴에 익숙해지기 전까지는 계속 당황할 수밖에 없었다.

카페에 들어가서 아메리카노를 주문했다. 주인은 '이 외국인이 뭘 달라는 거지' 싶은 애매한 표정을 짓고 있다. 에스프레소에 물을 부어달라고 큰 컵을 손짓으로 표현해봤지만, 내가 받은 것은 에스프레소 더블 샷이었다.

카페라테가 먹고 싶어 'leite'가 적힌 커피를 주문했더니 직원이 에스프레소에 아주 약간의 우유를 넣은 에스프레소를 테이블에 내려놓고 갔다. 다음 날, 다른 카페에서는 직원에게 직접 커피에 우유를 타달라고 설명했다. 저 멀리서 또다시 작은 에스프레소 잔을 들고 다가오는 직원을 보며 이번에도 주문에 실패했다는 것을 직감했다. 며칠 동안 뭘 주문하든 자꾸만 에스프레소가 나왔다. 하지만 그렇게 실패하더라도 가격이 1유로니 그다지 타격이 크지는 않았고, 그러는 사이 나는 에스프레소의 매력에 빠져들고 있었다.

포르투갈의 모든 지역에서 에스프레소는 'cafe'로 통하지만, 리스본에서는 에스프레소를 '비카bica'라고 부른다. 그렇게 부르게 된 유래에 대해서는 여러 가지 설이 있지만 가장 그럴 듯한 이야기는 "Beba Isto Com Açúcar(Drink this with sugar)"로 추정된다. '설탕과 함께 먹을 것!' 진한 에스프레소에 설탕을 탈탈 털어 넣고 한 번 저어준다. 첫입은 진한 커피를, 그다음은 약간 달짝지근해진 커피를, 마지막은 에스프레소에 절여진 설탕을 마신다. 이렇게 아주 쓰고 아주 달게 마시는 에스프레소는 중독성이 강하다.

아메리카노를 먹고 싶다면 '아바따나두Abatanado'를 주문하면 된다. 진한 커피를 선호하는 사람은 '쉐이유Cheio'가 마음에 들 것이다. 쉐이유에는 보통의 아메리카노보다 물이 적게 들어간다.

에스프레소만큼이나 자주 마셨던 것은 카페라테와 가장 비슷한 포르투갈식 커피 '갈라오Galão'였다. 길쭉한 유리잔에 에스프레소와 뜨거운 우유를 섞어 만든 갈라오는 손잡이가 없는 유리잔의 끝까지 가득 채워져 나오곤 했는데, 잔이 매우 뜨거워져서 조심스럽게 컵을 들어 한 입 들이켠 다음 재빠르게 내려놓는 것을 반복해야 했다. 왜 이렇게 마시기 힘든 방식으로 주는 건지 알 수 없다며 투덜댔지만, 나중에는 손잡이가 달린 유리잔에 갈라오를 주면 어쩐지 섭섭한 마음이 들기도 했다. 갈라오를 떠올리면 우유 맛과 함께 손가락 끝에 닿는 뜨거움이 함께 떠오른다.

아 참, 포르투갈 대부분의 로컬 카페에서는 아이스커피를 팔지 않는다. 꼭 아이스커피가 먹고 싶다면 여기저기 카페를 들어가서 아이스커피가 있냐고 물어보는 것보다 그냥 리스본에 딱 세 군데 있는 스타벅스로 달려가는 것이 빠를 것이다.

MANTEIGARIA

Açúcar
CANDELAS

galão
abatano
cafe

포르투갈의 타일 예술, 아줄레주

포르투갈 하면 떠오르는 특징이자 이국적인 풍경의 큰 부분을 담당하는 것은 건물 외벽과 실내, 다양한 패턴과 색감으로 도시의 겉과 속을 아름답게 채운 타일인 '아줄레주Azulejo'다.

전통 방식의 아줄레주는 정사각형의 타일 위에 유약을 칠한 뒤 붓으로 그림을 그려 가마에서 고온으로 구워낸 후, 다양한 모티프를 가진 타일을 반복 배치하여 전체적인 시각 이미지를 만들어낸다.

아줄레주는 '윤기가 나는 돌'이라는 뜻의 아랍어에서 유래된 단어다. 페르시아로부터 종교와 문화적 영향을 받은 무어인들이 이베리아반도를 지배하던 시기에 타일 장식도 건너와 포르투갈에 뿌리를 내렸다. 16세기 초 마뉴엘 1세가 스페인의 알함브라 궁의 타일 장식에 반해 신트라 궁을 타일로 장식하면서 인기를 얻었다. 1755년 리스본 대지진으로 대부분의 목조 건물들이 불타 없어져버린 상황에서, 리스본의 재건을 담당한 폼발 후작은 타일을 적극적으로 사용한다. 기능적이며 위생적이고, 열에 강하기 때문이다. 이 시기 이후로 아줄레주는 실생활에서 광범위하게 쓰이고 있다. 포르투갈에서 아줄레주는 과거의 유산이 아니라 지금까지도 건축에서 빠지지 않는 요소인 것이다. 현대의 아줄레주는 대량생산으로 만들어진 건축 자재의 하나로 취급되고 있지만, 장인이 꼼꼼히 그려 만드는 아줄레주는 여전히 사랑받고 있으며 현대미술을 접목시킨 실험적인 아줄레주도 만들어지고 있다.

아줄레주는 때로 이야기를 전하는 매개체가 되기도 한다. 같은 패턴을 반복하는 대신, 커다란 화폭에 그림을 그리듯 타일에 그림을 그려 넣는다. 기차역이나 시청, 성당 등 공공장소에서 지역의 풍경과 생활상, 역사적 사건과 인물을 담은 아줄레주를 만날 수 있다.

27
2.° ANDAR
1.° ANDAR

AVEIRO

포르투갈식 타일 워크숍

미리 신청해둔 포르투갈식 타일 만들기 워크숍인 'The Art of Azulejos'가 있던 날. 선생님의 스튜디오는 국립 타일 박물관에서 그리 멀지 않은 곳에 위치해 있었다. 여기가 맞는 걸까 의심스러운 골목에서 조금 더 깊숙이 들어가니 분홍색 벽을 가진 스튜디오가 나왔다.

수업은 포르투갈식 타일 아줄레주의 전반적인 역사를 설명하는 것으로 시작됐다. 포르투갈에서는 왜 이렇게 타일을 많이 사용하게 되었는지, 타일의 다양한 쓰임새와 모양 모티브, 색깔에 대한 자세한 설명을 들었다. 20분 정도 이어진 설명이 끝난 후 정사각형 모양의 타일을 두 개씩 건네받았다. 타일 위에는 하얀 파우더가 곱게 발려 있다. 하나에는 이미 있는 패턴 스케치를 따라 그렸고, 나머지 하나에는 자유롭게 디자인을 했다. 그림을 그리는 건 익숙하지만 종이가 아닌 파우더 위에 색을 입히는 것은 완전히 다른 느낌이라 붓을 처음 다뤄보는 사람처럼 스케치한 선을 따라 매우 조심해서 칠해야 했다. 뿌연 파스텔 톤 물감을 바른 타일을 고온의 화덕에서 구우면 쨍한 원색을 띠는 단단한 타일로 완성된다.

요즘은 공장에서 타일을 생산하기도 하지만 아직도 이런 전통적인 방식으로도 타일을 만든다고 한다. 이렇게 하나하나 섬세하게 만들어진다고 생각하니 이 도시에 가득한 아줄레주가 새롭게 보인다. 도시를 구성하고 있는 중요한 것들 중 하나를 내 손으로 만들어보니 리스본과 조금 더 가까워진 것만 같다.

The Art of Azulejos

주소: R. Margem, 7B, Bairro Da Madre De Deus, Lisboa, Portugal
전화번호: +351 93 414 4520
소요 시간: 3시간
비용: 38유로
홈페이지: abnb.me/EVmg/7e16nq3XYD (인스타그램 @_art.of.azulejos_)

국립 타일 박물관

타일 만들기 워크숍을 끝내고 걸어서 10분 거리의 포르투갈 국립 타일 박물관Museu Nacional do Azulejo으로 향했다. 이곳은 15세기에 만들어진 성모 수도원을 박물관으로 개조한 곳으로, 회랑과 예배당을 둘러싼 방들은 타일을 전시하는 공간으로 쓰이고 있다. 1층부터 천천히 걸으면서 포르투갈의 타일 기술과 양식이 어떻게 변천했는지 감상하다보면 전통적인 타일뿐만 아니라 현대의 장인들과 예술가들이 만든 작품들도 볼 수 있다.

크고 작은 타일들을 들여다보다가 리스본 시내에서 봤던 타일을 발견하기도 하고, 리스본의 역사적 장면을 담은 타일 앞에서 한참을 서 있기도 했다. 1755년 대지진 이전 리스본의 모습을 담은 23미터가 넘는 타일 벽화는 이 박물관의 하이라이트였다.

사실 타일 박물관에 오길 잘했다고 생각한 가장 큰 이유는 박물관 1층에 위치한 카페테리아였다. 식당에는 파란색 안료로 그려진 타일이 자연광을 받아 빛나고 있다. 관광지에서 살짝 벗어나 있는 위치 때문인지, 카페에는 박물관 직원으로 보이는 두어 명과 박물관에 방문했다가 커피 한잔 마시러 들른 노부부뿐이었다. 조용하고 한가한 분위기가 좋았다. 커피를 한 잔 시켜두고 카페의 타일을 구경했다. 화려한 그림이나 역사적인 장면을 그린 그림이 아닌 그저 물고기와 닭, 물통, 양파망 등 일상적이고 평범한 주방을 담아낸 그림이다. 그럼에도 거창한 것들을 표현한 타일보다 마음에 들었다. 소박하고 편안한 타일을 사방에 두고 에스프레소를 마신다. 일상의 풍경을 자세히 들여다보는 것은 구석구석에 숨겨진 아름다움을 찾아내는 일이다. 아름다움은 모든 곳에 숨어 자신을 발견해주기를 기다리고 있다.

Museu Nacional do Azulejo

주소: R. Me. Deus 4, 1900-312 Lisboa, Portugal

전화번호: +351 21 810 0340

운영 시간: 10:00-18:00 (월 휴무)

입장료: 5유로 (학생 2.5유로)

Ristorante Caffetteria Museu Nacional do Azulejo

주소: 국립 타일 박물관 1층, 카페테리아

운영 시간: 10:00-18:00 (월 휴무)

도시의 디테일

리스본은 천천히 걸어야 하는 도시다. 목적지를 정해두고 그곳만을 보기 위해 걸음을 재촉한다면 많은 것들을 놓쳐버리고 말 것이다.

시간이 흘러 빛바랜 벽, 주인 취향대로 칠한 문의 색깔, 개성 있는 문고리, 모자이크 같은 바닥 타일, 방치된 식물, 그라피티, 녹슨 간판, 햇빛이 드는 모양, 오래되어 모서리가 깨진 타일들……

한 발짝 걸어갈 때마다 끝없는 디테일로 가득하다. 천천히 걸을수록, 잠깐 멈춰 서서 들여다볼수록 도시는 매력적이다. 빠른 걸음으로 10분 만에 도착할 거리를 공들여 오래 걷는다.

소설가의 집

여행지에서 읽는 소설은 특별하다. 여행지와 전혀 상관없는 내용이라도 좋지만 그 나라의 작가가 쓴 소설이라면 더없이 좋다. 언제나 여행을 갈 때 심사숙고해 책을 고르는 편이지만 이번에는 책을 한 권도 가져오지 못했다. 대신 책 읽어주는 팟캐스트 몇 개를 내려받았다.

포르투갈의 대표적 작가인 주제 사라마구의 『눈먼 자들의 도시』를 읽어주는 김영하 작가의 목소리를 들으면서 리스본을 걷는다. 어느 날 한 남자가 차를 몰고 집으로 돌아가던 중 갑자기 눈이 먼다. 원인도 모른 채 그를 시작으로 모두가 눈이 머는 세계 속의 인간성을 그려 내는 이 소설을 몇 년 전에 읽었지만 귀로 한 문장 한 문장 다시 들으니 장면들이 눈앞의 리스본 거리 위로 펼쳐지고 합쳐진다.

주제 사라마구 재단Fundação José Saramago은 코메르시우 광장 근처에 있다. 전 세계에서 출간된 주제 사라마구의 책, 작가의 노트, 메모 등이 전시되어 있다. 나라마다 다른 감성으로 풀어낸 책 표지 사이에서 눈에 익은 한국판 표지를 보니 괜스레 반갑다. 표를 끊어준 직원이 페르난두 페소아의 집Casa Fernando Pessoa에서 주제 사라마구 재단의 입장권을 보여주면 할인을 받을 수 있다며 시간이 된다면 가보라고 한다. 『불안의 책』을 쓴 작가 페소아의 집은 시내에서 꽤나 멀리 떨어진 곳에 위치해 있다.

페소아는 대부분의 생을 리스본에서 보냈다. 그가 세상을 떠난 후 그의 방에서 수만 장의 원고 뭉치가 들어 있는 궤짝이 발견되었다. 작은 방에 중절모와 안경을 쓰고 콧수염을 기른 페소아의 흑백사진이 걸려 있다. 그의 내면에는 136개에 이르는 허구적 인물들과 창조된 자아가 있었다. 각 이명들의 시선으로 써 내려간 페소아와 수많은 '페소아들'의 글이 담겨 있던 궤짝을 가만히 들여다본다.

Fundação José Saramago(Casa dos Bicos)

주소: Rua dos Bacalhoeiros, 1100-135 Lisboa, Portugal

전화번호: +351 21 880 2040

운영 시간: 10:00-18:00 (일 휴무)

입장료: 3유로

홈페이지: www.josesaramago.org

Casa Fernando Pessoa

주소: R. Coelho da Rocha 16, 1250-088 Lisboa, Portugal

전화번호: +351 21 391 3270

운영 시간: 10:00-18:00 (일 휴무)

입장료: 3유로

홈페이지: casafernandopessoa.pt

FUNDAÇÃO
JOSÉ
SARAMAGO

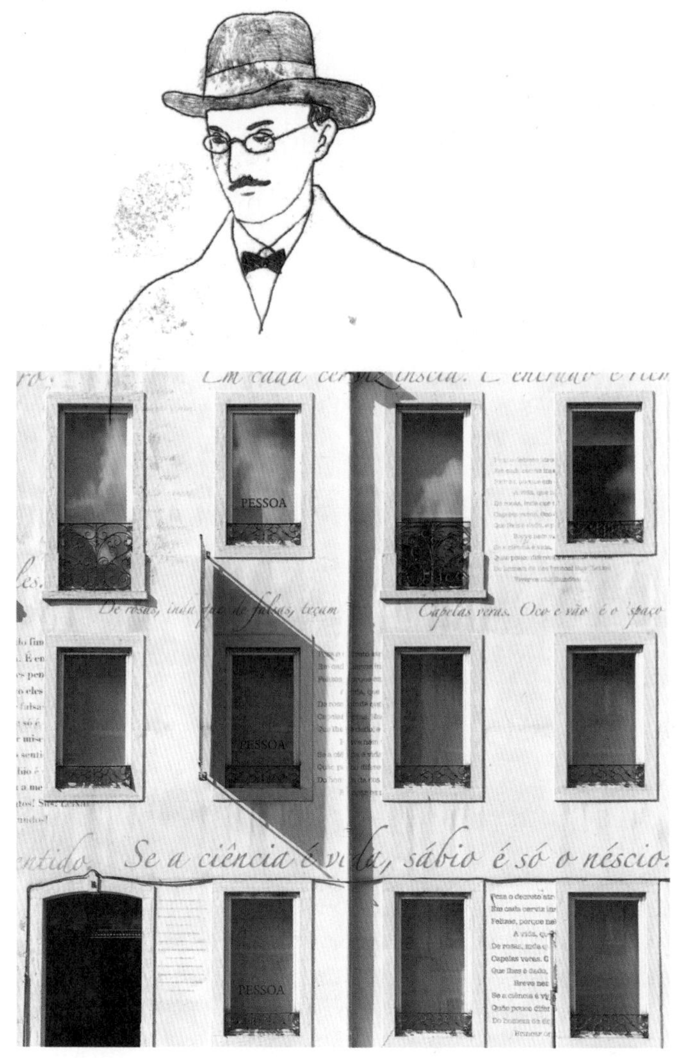
PESSOA
Capelas veras. Oco e vão é o 'spaço
sábio é só o néscio.

푸니쿨라가 있는 언덕길

트램과 흡사하게 생겼지만 언덕의 위아래로만 이동하는 푸니쿨라(엘리베이터 트램이라고도 불린다). 가장 유명한 라인은 호시우 역과 알칸타라 전망대를 연결하는 글로리아 선이지만, 가장 경치가 좋은 곳은 테주 강을 배경으로 언덕을 오르는 비카 선Ascensor da Bica이다.

길을 걸어가다 우연히 발견한 비카 선 푸니쿨라 종착지에서 푸니쿨라가 올라오는 길을 따라 거꾸로 내려가본다. 좁은 길 옆으로 한 사람이 들어갈 만한 바가 늘어서 있고 사람들은 계단에 앉아 맥주를 마시고 있다. 아이들이 까르르 소리를 내며 뛰어다닌다. 노란색 엘리베이터 트램이 사람들을 싣고 올라오고 좁은 내리막길 그 너머로 테주 강이 보인다. 눈을 감고 리스본을 떠올리면 가장 먼저 떠오르는 풍경에 비카 푸니쿨라가 있다.

Ascensor da Bica

출발지: Calçada da Bica Pequena 1, 1200-096 Lisboa, Portugal

도착지: R. da Bica de Duarte Belo 74, 1200-012 Lisboa, Portugal

운영시간: 07:00-21:00

요금: 편도 3.7유로 (비바 카드 24시간권 소지 시 무료)

F-U
BAR

산타 카타리나 전망대

전망이 좋은 곳에 가기에 가장 좋은 때는 역시 여름의 해가 저물기 시작하는 시간이다. 뜨거운 햇살이 살짝 넘어가 공기가 선선해져서 오래 머무를 수 있고, 파랑에서 분홍, 진한 남색까지 그러데이션을 그린다. 운이 좋다면 변화무쌍한 구름이 하늘을 장식한다. 내가 산타 카타리나 전망대Miradouro de Santa Catarina에 도착한 날이 그랬다.

속이 탁 트이는 테주 강과 저 멀리 4월 25일 다리가 보인다. 아름다운 하늘 아래, 사람들은 맥주를 하나씩 가져와서 삼삼오오 계단과 바닥에 앉아 이곳을 즐기고 있다. 딱 한 가지 아쉬웠던 점은 내가 도착했을 때 버스킹을 하던 가수들이 마지막 곡을 부르고 자리를 정리하고 있었다는 것뿐이다.

다음에는 드로잉북과 맥주 한 잔을 들고 와서 완전히 해가 질 때까지 이곳에 있어야지 다짐을 하고 떠났지만, 결국 다시 가지는 못했다.

Miradouro de Santa Catarina

주소: R. de Santa Catarina, S/N, 1200-012, Lisboa, Portugal

전화번호: +351 91 522 5592

여기가 천국, 에어비앤비

드디어 고대했던 에어비앤비Airbnb 숙소로 옮기는 날. 그냥 택시를 탈걸 후회하며 무거운 캐리어를 질질 끌고 가파른 언덕을 올랐다. 가벼운 차림으로 걸을 때는 아무렇지도 않았던 돌바닥 언덕들은 캐리어를 끌고 오르자 지옥 같았다. 게다가 태양이 작열하는 오후 두 시였다. 주인이 알려준 주소의 건물에 도착했을 때 나는 완전히 땀으로 젖어 있었다.

숙소는 5층짜리 건물의 맨 위층에 있었는데, 슬프게도 엘리베이터가 없었다. 남은 힘을 끌어모아 5층까지 캐리어와 몸뚱이를 올려 보냈다. 그 모든 힘듦은 방문을 열고 들어가자마자 싹 잊혔다.

창밖으로 건너편 건물의 붉은 지붕이 보이고, 작은 테라스로 나가면 테주 강이 흐르는 풍경이 한눈에 들어왔다. 정말 끝내주는 경치였다. 깔끔하게 정리된 우유같이 하얀 방에는 주인이 섬세하게 배치해둔 소품과 꽃병 들이 있고, 웰컴 과일, 과자와 방 열쇠가 보라색 도트무늬 천이 깔린 테이블 위에 놓여 있었다. 게다가 과자는 놀랄 만큼 맛있었다. (그 과자 브랜드가 뭐였는지 물어봤어야 했는데!)

주인이 간단히 방을 설명해주고 나가자마자 나는 침대로 가서 대자로 쓰러졌다. 침대는 아주 폭신했다. 누워서 왼쪽으로 고개를 돌리면 건너편 집의 지붕과 하늘이 바로 눈에 들어오고 바람에 커튼이 살짝 날린다. 천장은 하얗고 높아서 방이 크지 않음에도 답답한 느낌이 없다. 에어컨이 없는데도 방 공기가 서늘했다. 완벽한 숙소였다.

갑자기 너무 행복했다. 오늘은 이대로 이 방에 누워만 있어도 좋을 것 같았다. 한 달 아니 일 년 정도 여기에서 살아보면 어떨까? 이 방에 묵으면서 리스본 시내 곳곳을 가보고, 장을 봐 와서 요리를 하고, 그림을 그리거나 책을 읽으며 지내는 날들을 상상하다가 깜빡 잠이 들었다.

깨어보니 이미 저녁이었다. 배에서 꼬르륵 소리가 났다. 그러고 보니 점심도 먹지 않았다. 주인에게 추천을 받아 근처 레스토랑에 가서 저녁을 먹기로 한다. 하루 종일 거의 한 게 없었음에도 만족스러운 날이다.

서양배와 멜론

포르투갈에서 가장 열심히 먹었던 과일은 서양배였다.

서양배는 가격이 저렴하다. 숙소 앞 과일 가게 할머니에게 서양배를 1킬로그램에 2유로에 산다. 길쭉하고 볼록한 곡선을 가진 말랑말랑한 서양배를 껍질 채로 베어 물면 달콤하고 부드러운 과즙이 터져 나온다.

멜론도 가격이 아주 저렴한데, 멜론 반 통을 1유로에 살 수 있다. 반 통을 또 반으로 잘라 짭짤한 하몽과 함께 안주로 먹고, 나머지 반은 아침에 일어나서 먹는다.

다른 유럽의 도시들에 가서도 포르투갈에서 먹었던 과일들을 떠올리며 사 먹곤 했지만 포르투갈에서 먹었던 서양배와 멜론의 맛을 따라오지는 못했다.

창밖을 바라보는 시간

포르투갈에서는 창문 밖으로 몸을 내밀어 바깥을 보고 있는 사람들을 자주 볼 수 있다. 거리에 지나가는 사람들과 인사를 나누기도 하지만 목적 없이 창가를 내다보며 시간을 보내고 있는 사람들. 포르투갈어에는 이렇게 창밖을 바라보는 행동을 이르는 동사가 따로 있다고 한다. 효율성의 세계에서 의미가 없어 보일 만큼 느긋하게 시간을 보낸다. 나도 포르투갈 사람들처럼 창밖으로 몸을 반쯤 내밀고 바라보다가 드로잉북을 가져와 스케치를 하기 시작했다.

여행지에서 산 옷

여행지에서 옷 사는 것을 좋아한다. 현지 날씨와 잘 맞으면서 한국에서는 구하기 힘든 그 나라만의 느낌이 풍기는 옷을 사면 두고두고 잘 입게 된다.

치앙마이에서 산 파란색 원피스는 여름 여행을 갈 때마다 항상 챙겨가는 옷이다. 공기가 잘 통하는 재질인 데다 인디고 염색으로 물들인 파란색이 고와서 이번 포르투갈 여행 중에도 가장 즐겨 입었다. 이 옷을 입을 때마다 치앙마이가 생각나서 좋다.

리스본에서 한눈에 반해 산 옷은 우비였다. 언제나 우비를 하나 장만하고 싶었는데 색깔과 디자인이 내 취향과 딱 들어맞는 우비를 발견했다. 게다가 세일 기간이라 30퍼센트 할인까지 하고 있으니 이건 사야 했다! 우비를 사고 난 뒤로는 비가 오는 날을 은근히 기다리기까지 했으나 포르투갈 여행 내내 날씨가 좋았다. 결국 우비는 한국으로 돌아와서 처음 입었다.

그리고 당연히, 그 우비를 입으면 리스본을 떠올린다.

동네 산책

숙소를 바이후 알투 지구로 옮기고 나서 이 동네에서 정말 많은 시간을 보냈다. 유명한 관광지는 없지만 예쁜 카페와 숨어 있는 음식점들, 빈티지숍, 헌책방 등 천천히 돌아볼수록 매력적인 동네이다. 매일 동네를 산책하는 건 유명한 관광지를 가는 것보다 즐거운 일이었다.

PHOTOCOPY
PHOTOCOPY

바이후 알투 지구의 카페들

바이후 알투 지역에 머무는 동안 구석구석 숨어 있는 카페를 발견하는 재미로 지냈다.

Dear Breakfast

모던한 느낌의 동굴에 들어온 것 같은 편안함이 느껴지는 카페. 커피와 차 외에도 생과일 주스와 스무디, 아사히 볼과 샐러드, 에그 베네딕트를 비롯한 다양한 요리가 준비되어 있다. 'Dear breakfast'라는 이름처럼 아침을 먹으러 가기 좋은 곳이다.

주소: R. Gaivotas 17, 1200-719 Lisboa, Portugal

운영 시간: 09:00-16:00 (월 휴무)

Companhia Portugueza do Chá

늘 커피를 입에 달고 살지만 가끔 차를 마시고 싶을 때가 있다. 'Companhia Portugueza do Chá'는 주인이 직접 블렌딩한 다양한 차를 캔에 넣어 판매한다. 고풍스럽고 어두운 실내에서 시선을 사로잡는 커다란 빨간 캔에는 이 가게의 시그니처 티인 'Lisbon Breakfast'가 들어 있다. 티룸은 따로 없지만 근처에 있는 카페 'Dear Breakfast'에 가면 이곳의 차를 마실 수 있다.

주소: R. do Poço dos Negros 105, 1200-342 Lisboa, Portugal

운영 시간: 10:30-19:30 (일 휴무)

Copenhagen Coffee Lab

리스본 카페 랭킹에서 상위권을 차지하고 있는 이 카페는 덴마크인 바리스타가 운영한다. 커피 연구실이라는 이름처럼 다양한 원두 연구과 실험으로 질 좋은 커피를 먹을 수 있는 카페다. 커피 외에도 그래놀라, 베이커리, 쿠키류가 준비되어 있다. 자리가 없을 정도로 인기가 많은 카페라 테이크아웃으로 주문하는 손님도 많다.
주소: 10, R. Nova da Piedade, 1200-298 Lisboa, Portugal
운영 시간: 08:00-19:00

FAUNA&FLORA

숙소에서 가장 가까웠던 카페였지만 마지막 날에서야 가보았다. 구석구석에 놓인 식물들과 동그란 테이블이 매력적인 카페다. 주변 테이블을 둘러보니 사람들이 다들 펜케이크를 먹고 있었다. 점심을 먹고 배가 부른 상태였지만 유혹을 이기지 못하고 결국 팬케이크를 주문했다.
주소: Rua da Esperança 33, 1200-655 Lisboa, Portugal
운영 시간: 9:00-19:00 (일, 월 휴무)

Heim Café

작은 액자와 식물로 가득한 카페에서 green, blue, red 세 가지 색을 두고 고민한다. 고민 끝에 과일 샐러드, 요거트, 달걀프라이와 아보카도 토스트, 커피로 구성된 'Green 브런치 세트'를 주문했다. 계산대 옆에 놓인 작은 액자에는 "맛있는 음식을 만드는 데엔 시간이 걸립니다. 저희는 좋은 재료로 정성을 다해 만듭니다. 기다려주셔서 감사합니다"라는 글이 적혀 있다. 그 글귀에서 자신감이 느껴졌다. 그리고 정말로 음식은 하나같이 맛있었다. 눈과 입이 모두 만족스러운 아침 식사였다.
주소: Rua Santos-O-Velho, 2 e 4, 1200-109 Lisboa, Portugal
운영 시간: 09:00-18:00

Hello, Kristof

아마도 바이후 알투 지역에서 가장 인기 있는 카페일 거다. 지나갈 때마다 늘 만석이었다. 청개구리처럼 '흐음, 너무 인기 있는 카페는 별로지'라고 생각하면서 다른 카페로 향하곤 했다. 그러다 결국 마지막 날 오픈 시간에 맞춰 방문했다. 이곳에서 여태 리스본에서 먹은 커피 중 가장 내 취향에 맞는 커피를 맛보고 나도 두 손을 들고 말았다. (아마 첫날 이 카페에 왔다면 매일 왔을 것이다.) 정성껏 만든 음식, 잘 셀렉트된 매거진과 음악, 활기찬 직원들, 감각적인 인테리어……

흠잡을 부분이 없는 멋진 카페였다.

주소: R. do Poço dos Negros 103, 1200-076 Lisboa, Portugal

운영 시간: 09:00-18:00 (토, 일 휴무)

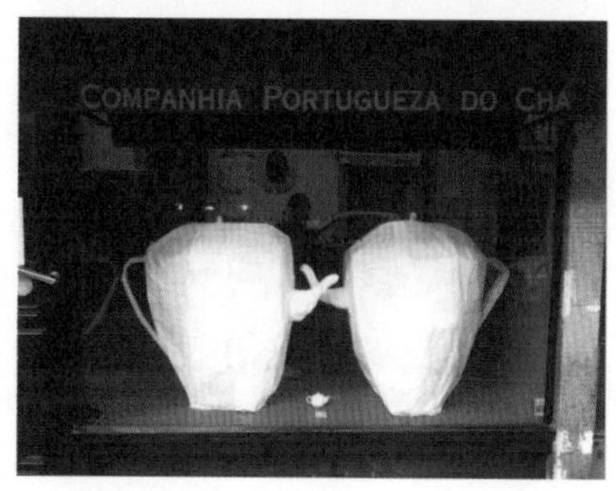

copenhagen coffee lab

fauna & flora

heim café

Good food takes time.
Every dish is freshly prepared
with the finest ingredients.
So a little patience would be
appreciated:)

단골 식당

여행지에서 단골 식당을 만드는 것은 쉽지 않은 일이다. 식사할 기회는 아침, 점심, 저녁 하루에 세 번이지만 가보고 싶은 곳은 언제나 넘치게 많으니까. 그럼에도 나는 단골 식당을 만들었다. 숙소에서 걸어서 5분 거리에 있던 프레 도스 마레Frade dos Mares 레스토랑에 매일 저녁을 먹으러 갔다. 새로운 식당에 가보고 싶은 욕구보다 이 음식점의 음식을 하나라도 더 먹고 싶다는 욕구가 컸기 때문이다.

이 식당의 가장 대표적인 메뉴는 'Octopus lagareiro style'. 싱싱한 문어를 마늘과 함께 올리브유에 구워낸 후 감자와 함께 내어준다. 깜짝 놀랄 만큼 부드럽고 감칠맛 나는 문어는 내가 지금껏 먹어본 문어들과 차원이 달랐다. 문어라는 음식이 이렇게 맛있는 거였구나 하는 깨달음과 함께 다른 문어 요리에도 도전해보고 싶어졌다. 그래서 다음 날 한 번 더 가서 문어 샐러드를 주문했다. 또 다른 추천 메뉴인 홍합을 빵가루와 함께 구워낸 애피타이저와 새우 요리는 어제 먹은 문어보다 더 맛있었다. 이 음식점에서는 아무거나 먹어도 맛있겠다는 신뢰가 생겼다.

메뉴판에 있는 모든 메뉴를 먹어볼 기세로 오후 여섯 시만 되면 가게 문

앞에 가서 초인종을 눌렀다. 직원도 이제 내가 익숙해진 눈치였다. '안녕 또 왔네? 우리 가게 음식 맛있지?' 하는 미소를 지으며 나를 자리로 안내했다.

Frade dos Mares

주소: Av. Dom Carlos i 55A, 1200-647 Lisboa, Portugal

전화번호: +351 21 390 9418

운영 시간: 월-금 12:30-15:00, 18:30-22:30

토-일 13:00-15:30, 18:30-22:30

디저트 배를 남겨두자

1

언덕을 오르다 일본풍 가게가 있어 들어가봤다. 'Kasutera'라는 이름의 카스텔라 집이다. 메뉴는 계란 카스텔라와 녹차 카스텔라 두 종류. 파티시에가 조금 전에 출근해서 아직 매장이 정리되지 않았다며 가게에 대해 설명해준다. 카스텔라의 본고장은 일본으로 알려져 있지만 포르투갈에서 유래했고, 16세기 대항해 시대 포르투갈 상인들이 일본에 가져온 'Pao de castella(카스티야 지방의 빵)'를 일본의 스타일로 발전시킨 것이 카스텔라라고 한다. 리스본에서 일본식 카스텔라를 만들던 카스텔라 도 파울루Castella do Paulo의 파티시에가 더 큰 도전을 위해 교토로 이전하기로 했을 때 가게의 단골이 카스텔라 레시피를 이어받았다. 두 파티시에는 교토에서 포르투갈식 과자를, 포르투갈에서 교토식 카스텔라를 팔고 있다. 16세기에 시작된 교류를 잇는 가게들. 설명을 듣고 나니 카스텔라를 사지 않을 수가 없다.

2

호시우 광장 근처의 콘페이타리아 나시오날Confeitaria Nacional은 무려 190여 년의 역사를 가진, 리스본에서 가장 오래된 베이커리다. 시간 여행을 하는 듯한 고풍스러운 분위기의 매장에는 다양한 종류의 포르투갈식 빵과 과자가 진열되어 있다. 과자들이 아주 단 편이니 에스프레소를 곁들여 먹는다.

3

단골 레스토랑이었던 프레 도스 마레. 밥 배와 디저트 배는 따로라지만, 항상 배가 불러 디저트는 넘어가곤 했는데 오늘은 늘 궁금했던 디저트 플레이트를 먹어보겠노라 다짐하며 자리에 앉았다. 애피타이저를 먹고, 바로 디저트 플레이트를 주문했다. 직원은 기본이 2인분인데 괜찮은지 묻는다. '그럼요, 이거 먹으려고 밥을 안 먹었다고요!' 하나같이 맛있는 디저트에 감탄하며 2인분의 디저트를 깨끗이 먹어치웠다.

Kasutera

주소: R. do Poço dos Negros 51, 1200-096 Lisboa, Portugal

전화번호: +351 21 395 1596

운영 시간: 11:00-20:00 (일, 월 휴무)

홈페이지: www.kasutera.pt

Confeitaria Nacional

주소: Praça da Figueira 18B, 1100-241 Lisboa, Portugal

전화번호: +351 21 342 4470

운영 시간: 08:00-20:00

홈페이지: confeitarianacional.com

カステラ
KASUTERA
CASTELLA

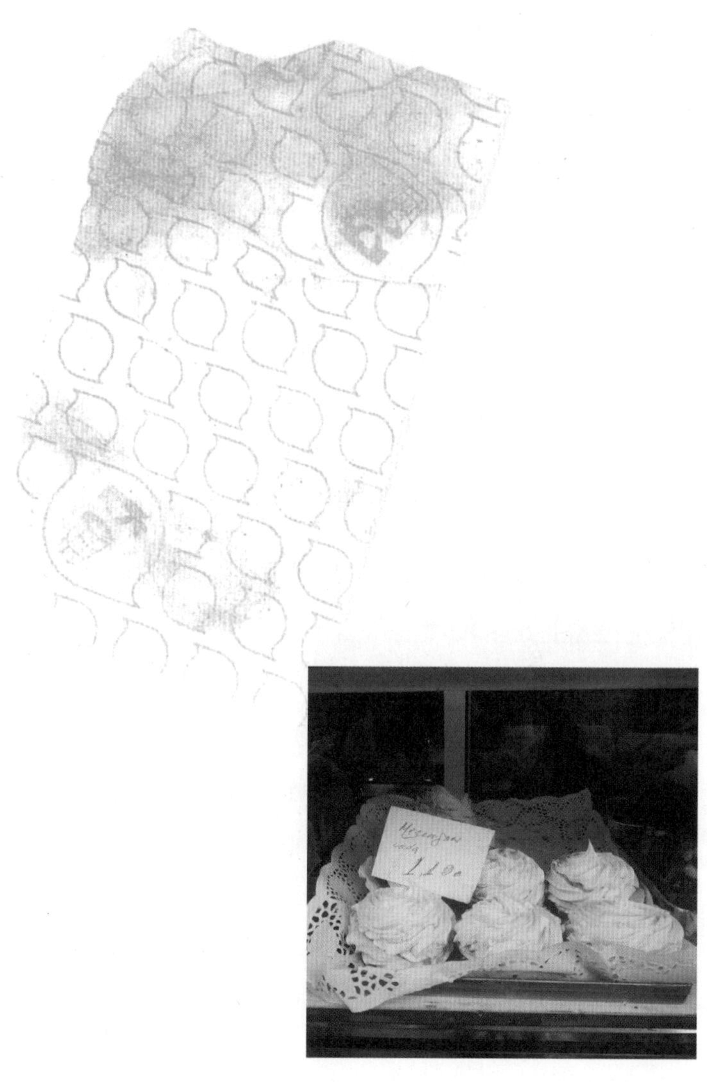

너무 힙한 곳

시티 가이드 매거진 《타임아웃 리스본》에서 소개한 경치가 좋은 루프탑 바 중 흥미를 끄는 곳이 있었다. 주차장 빌딩 옥상에 위치한 바인데, 구글 지도에도 위치가 제대로 나오지 않고 겉만 봐서는 도저히 바가 있을 것 같지 않은 평범한 주차장 건물이다. 건물 비상계단으로 들어가 엘리베이터를 타고 올라가서 내린 후에 또 한 층을 올라가야 한다.

어디에도 바가 있다는 표시는 없다. 정말 여기가 맞는 건지 1초에 한 번씩 의심하면서 엘리베이터에서 내렸지만, 그저 평범해 보이는 주차장이다. 오른쪽 구석에서 키 크고 옷을 잘 차려입은 한 무리의 사람들이 나온다. 그쪽으로 다가가자 웅성웅성하는 소리가 들리고 갑자기 루프탑 바가 나타났다.

리스본의 '힙한' 사람들은 다 여기에 몰려 있는 것 같았다. 너무 힙한 곳인데 나는 그렇게 힙한 사람은 아니라 괜히 눈치가 보였다. '일부러 못 찾아오게 숨겨놨는데 왜 여기까지 온 거야?'라고 묻는 느낌이랄까. 맥주를 한 잔 들고 구석 자리에 앉았다. 술이 들어가자 긴장이 풀렸다. 경치도 좋고 음악도 좋았다. 무엇보다 경치가 끝내준다. 최고의 루프탑 바로 꼽힐 만하다.

다시 엘리베이터를 타고 내려와 비상계단 문을 열고 나왔다. 문 앞에 옷을 잘 차려입은 남녀가 아까 내가 지었을 법한 표정으로 서 있다. 누가 봐도 주차장에 차를 대러 온 사람들은 아니다. 눈이 마주치자 "안녕? 여기 위에 바가 있는 거 맞아?"라고 나에게 묻는다. 나는 고개를 끄덕였다. 그들이 보기에 나도 주차하러 온 사람으로는 보이지 않았나 보다.

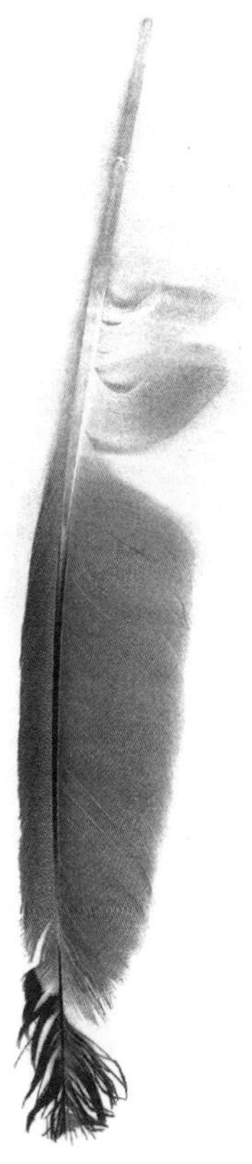

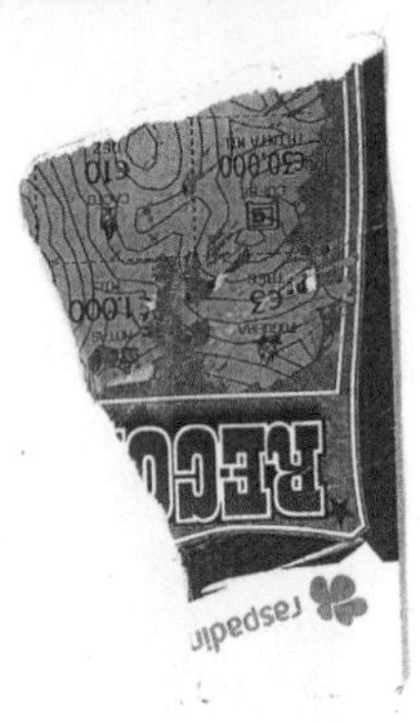

아주 평범한 곳

숙소 현관문을 열고 나오면 바로 앞에 과일 가게와 생선 요리를 파는 가게가 마주 보고 있다. 과일만큼이나 많은 자리를 화분이 차지하고 있는 걸 보니 과일 가게 할머니는 화분을 키우는 게 취미인가 보다. 생선 요리집 아저씨는 TV로 뉴스를 보고 있다. 아직 점심시간 전이라 식당에는 손님이 없다. 에스프레소 한 잔을 주문하고 바깥에 놓인 작은 테이블에 앉았다. 과일 가게 할머니의 손자로 보이는 꼬마가 인형을 들고 가게 앞을 뱅글뱅글 돈다. 내가 손을 흔들자 부끄러운지 가게로 쏙 들어가버린다. 어쩐지 한국에서도 본 것 같은 풍경이다.

골목 구석에 있는 이런 가게들은 구글 지도나 여행 정보 사이트에도 등록되어 있지 않다. 숙소 때문이 아니라면 와볼 일 없는 아주 평범한 가게들. 동네 사람들의 사랑방이고, 서로에게 일어난 사소한 일마저 전부 알 것 같은 가게들. 가끔은 일부러 열심히 찾아간 곳보다 이런 곳이 더 특별하게 느껴지기도 한다. 아주 평범해서 특별한 곳들.

과거와 현재가 어우러진,
타임아웃 마켓

카이스 두 소드레Cais do Sodré 역 앞에는 1892년부터 운영되어온 리스본 최대의 신선 식품 시장인 히베이라 시장Mercado da Ribeira이 있다. 돔 모양의 건물 안에 늘어선 다양한 채소와 과일, 해산물, 꽃과 화분을 파는 가게들에서 리스본 시민들이 오늘 일용할 먹거리를 산다. 2014년에 《타임아웃 매거진》이 이 시장을 인수해 리뉴얼하면서 시장 공간의 절반은 그대로 두고, 나머지 절반을 리스본의 유명한 맛집들만 모아놓은 푸드 코트로 변화시켰다.

새벽부터 분주했던 시장이 문을 닫는 오후 즈음이 되면 바톤 터치를 하듯 타임아웃 마켓Time Out Market이 본격적으로 활기차지기 시작한다. 자정까지 영업을 하기 때문에 관광을 마치고 슬렁슬렁 오기 좋다. 압도될 만큼 넓은 규모의 타임아웃 마켓으로 들어가면 가장자리로 온갖 음식점들이 늘어서 있다. 구입한 음식은 가운데 놓인 크고 기다란 테이블에서 다 같이 앉아 왁자지껄하게 먹는다. 깔끔하고 세련되게 정리된 다양한 종류의 음식들, 와인과 디저트를 한 번에 맛보고 싶은 리스본 시민과 관광객으로 빈자리를 차지하기 힘들 정도다.

Time Out
MARKET

MARIA DE LURDES NEV
comércio de marisco fresco e conge

음식들은 하나같이 맛있어 보여 뭘 먹을지 결정하기가 어렵다. 두 바퀴를 뱅글뱅글 돈 끝에 미슐랭 딱지가 붙어 있는 음식점에서 바깔라우bacalau, 염장 대구 스테이크를 시켰다. (포르투갈에서 실패하기가 더 어려운 두 가지 메뉴가 있다면 바깔라우와 문어다.) 역시 굿 초이스!

2층에 올라가니 타임아웃 마켓이 한눈에 시원하게 들어왔다. 커다란 공간에 퍼지는 왁자지껄한 웃음소리, 잔을 부딪치는 소리, 맛있는 냄새, 과거와 현재가 자연스럽게 어우러진 모습…… 그런 것들이 만들어낸 에너지 때문일까? 이상하게 자꾸 생각나는 곳이다.

Mercado da Ribeira
주소: Av. 24 de Julho, 1200, 1200-481 Lisboa, Portugal
전화번호: +351 21 346 2966
운영 시간: 06:00-14:00

Time Out Market
주소: Av. 24 de Julho 49, 1200-479 Lisboa, Portugal
전화번호: +351 21 395 1274
운영 시간: 일-수 10:00-24:00, 목-토 10:00-02:00
홈페이지: www.timeoutmarket.com/lisboa

명함과 영수증과 설탕

여행지에서 얻은 거의 대부분의 물건을 버리지 않는 편이다. 아니 길에서 쓰레기처럼 보이는 것까지 주우면서 다니는 편이라고 표현해야겠다. 여행지에서 돌아와 캐리어를 열어보면 온갖 것들이 튀어나오는데 그중 꽤 많은 비중을 차지하는 것은 명함과 영수증이다. 그리고 이번 여행에서는 사탕 껍질과 설탕이 추가되었다.

□ 명함

나는 언제나 계산을 하면서 명함을 받을 수 있는지 물어본다. 주소도 따로 적혀 있지 않은 아주 심플한 동그라미 명함, 정사각형 명함, 새와 물고기 모양, 콘센트 모양, 스티커로 된 명함, 우리만큼 커피와 매거진을 좋아한다면 이 주소로 와달라는 카페 '헬로, 크리스토프'의 명함 등등 개성 넘치는 명함들을 모은다.
명함이 없는 가게에서 명함 대신 주는 것이 더 재미있을 때도 있다. 즉석에서 노트를 한 장 찢어 주소를 적어주기도 하고, 포스트잇에 도장을 찍어준 가게도 있었다. "명함이 없는데 이거라도 가져갈래?" 묻고는 맥주 코스터를 주는 곳도 있었다.

□ 영수증

언제 어디서 얼마를 썼는지, 몇 시 몇 분에 썼는지까지 정확하게 알려주는 소비의 흔적. 지갑에 자꾸만 쌓인다. 점점 그 흔적들은 흐려진다. 영수증 뒷면에 그려진 그림이 흥미로울 때도 있다.

□ 사탕과 설탕

계산서와 함께 사탕을 건네는 가게들이 많았다. 에스프레소로 이미 입가심한 터라 사탕이 당기지는 않아 항상 에코백에 대충 넣어두었다. 가게마다 특색 있는 설탕 봉지도 하나씩 챙기곤 했다. 갑자기 달달한 것이 필요할 때 주머니와 가방을 뒤지면 사탕과 설탕이 꼭 하나씩은 있었다.

이 모든 것들을 빈 박스에 와르르 쏟아 넣고 박스 뚜껑에 이름표를 붙인다.

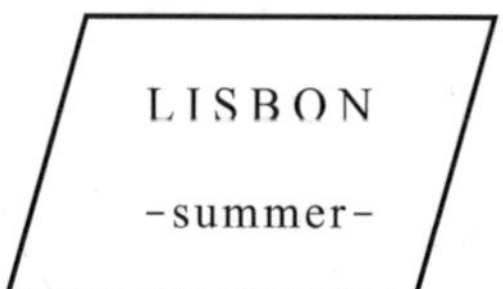

PROCESSADO POR SIB

A CEVICHERIA
LISBOA
Ident TPA: 008393
201 02/01 22:09
Per .043 M

MASTERCARD
KANG YOUNG MIN /
CARTAO: ****4110
A0000000041010
SAMSUNGMASTER
MERCH.ID:00001158
AUT:138689 MC CN

If you love to drink coffee and to read beau
magazines as much as we do, please visit
at Rua do Poço dos Negros 103, in Lisbon,
or find us on Google and social media apps

#hellokristof

일회용 카메라

대학교 2학년 때 흑백사진 동아리에 들어갔었다. 남이 찍은 필름사진을 보는 것은 좋았지만, 섬세하게 초점을 맞추고, 빛을 조절하고, 암실에서 현상을 해야만 결과물을 볼 수 있는 과정은 답답했다. 바로바로 결과물을 볼 수 있는 DSLR 카메라가 훨씬 매력적으로 느껴졌다. 결국 나는 6개월 만에 동아리를 그만뒀다. 그때는 왜 그렇게 성격이 급했는지.

라이카 렌즈를 끼운 펜탁스 미러리스 카메라를 나자레Nazaré에서 깨트린 후(슬프게도 여행의 첫날이었다) 모든 사진을 핸드폰으로만 찍었다. 그러다 우연히 일회용 카메라를 팔고 있는 사진 스튜디오 포토그라피아 트리운푸Fotografia Triunfo를 발견했다. 그곳에서 24컷짜리 코닥 일회용 카메라 두 개를 구입했다.

정말 마음에 드는 장소에서 딱 한 장씩 찍는다. 일회용 카메라는 아무것도 조절할 필요가 없다. 아니 조절할 수 있는 게 없다는 말이 맞겠다. 그냥 셔터를 누르기만 하면 된다. 커다란 찰칵 소리 대신 플라스틱 장난감 버튼을 누르는 정도의 애매한 소리가 날 뿐이지만 필름에는 착실하게 기록된다.

정신을 차리고 보면 어느새 마지막 컷이다. 마지막 컷까지 찍은 일회용 카메라는 고장 난 미러리스 카메라와 함께 사이좋은 철 덩어리와 플라스틱 덩어리가 되어 여행이 끝날 때까지 캐리어에서 한자리를 차지했다.

몇 달을 묵힌 필름을 현상했다. 신중히 셔터를 눌렀을 때의 기억이 선명하게 떠오른다. 선물을 받은 기분이다. 결과물을 바로 보지 못한다는 것이 오히려 매력적으로 다가온다. 다음 여행에는 오래전 포기했던 필름카메라에 다시 도전해보려고 한다.

+ 일회용 카메라를 사용할 때는 무조건 해가 쨍하게 비치는 날 야외에서 찍을 것. 사진을 찍을 때 렌즈를 손으로 가리는 것도 조심할 것!

Fotografia Triunfo

주소: R. do Poço dos Negros 69, 1200-038 Lisboa, Portugal

전화번호: +351 21 390 8926

Kodak

따뜻한 그림책 서점

'It's a Book'이라는 이름의 그림책 서점이 있다. 시내 중심에서 꽤 떨어져 있는 이 서점과 묶어서 갈 만한 곳은 거의 없다. 구석진 곳에 있는 아주 작은 서점 하나를 찾아가기 위해 메트로 안조스Anjos 역에서 내렸다.

경험상 크고 유명한 서점보다 주제가 있는 이런 작은 서점에서 보석 같은 책을 발견할 확률이 훨씬 높다. 이 서점 역시 그랬다. 세심하게 주인의 취향대로 고른 포르투갈의 개성 있는 그림책, 독립출판물, 포르투갈어로 번역된 유럽의 그림책이 한눈에 들어오게 잘 진열되어 있다.

주인이 편안하게 보고 궁금한 것이 있으면 물어보라고 한다. 서가 앞에 서서 천천히 한 권씩 펼쳐본다. 포르투갈어를 모르더라도 그림을 차분히 따라가면 작가가 만든 세계와 스토리에 빠져든다. 그림책이 가진 매력이다.

포르투갈의 그림책에서는 틀에 얽매이지 않는 자유로운 분위기가 느껴졌다. 무엇보다 가장 인상적이었던 것은 아름다운 색감이다.

포르투갈을 여행하면서 보았던 색들을 그림책 역시 품고 있다. 햇살을 받아 청량하고 경쾌한, 그리고 따뜻한 색깔들. 그런 책들을 알차게 모아둔 이 공간 역시 경쾌하고 따뜻하다.

마음에 드는 책이 있으면 한 권 사야겠다고 마음먹고 왔는데, 이렇게 사고 싶은 책이 많다니! 고민 끝에 포르투갈 작가의 그림책 한 권과 프랑스 작가의 독립출판물 한 권을 골랐다.

It's a Book

주소: Rua do Forno do Tijolo 30-A, 1170-137 Lisboa, Portugal

전화번호: +351 91 458 7805

운영 시간: 화-금 12:30-10:30, 토 11:00-18:00 (일, 월 휴무)

홈페이지: itsabook.pt

BOOK
ABERTO
HORÁRIO:

Keith Negley
TOUGH GUYS
(Have Feelings Too)
Flying Eye Books
NÃO É
NADA DIFÍCIL
O Livro dos Labirintos
Matoso
MINI
MAXI

포르투갈 그림책을 만나다

그림책 이론 수업을 들으며 퍽 인상적이라 기록해두었던 두 권의 책이 있었다. 수입 그림책 원서를 취급하는 작은 책방에서 유독 마음을 뺏긴 그림책도 있었다. 모두 포르투갈의 그림책이었다. 막연히 '외국 그림책이구나' 했던 책들의 국적이 하나였다는 것을 알게 되었을 때 놀라움이란! 그때는 생소하게만 느껴졌던 포르투갈이라는 나라에 직접 와서 서점의 그림책 코너를 둘러본다.

일러스트레이터와 글 작가, 디자이너들이 공동 창업한 출판사 'Planeta Tangerina'의 책들과 'bruaá' 출판사의 책들이 특히 눈에 띈다. 아름다운 색감과 세련된 디자인, 실험적이고 자유로운 상상력이 돋보이는 책들은 어린이뿐만 아니라 어른들에게도 영감을 준다. 포르투갈의 그림책 출판사들은 영국, 프랑스 등 전통적인 그림책 강국 사이에서 자신만의 색채로 주목받고 있다.

주목할 만한 출판사

Planeta Tangerina www.planetatangerina.com
Pato-Lógico www.pato-logico.com
Bruaá www.bruaa.pt

MONTANHAS

AMIGOS
PEITO

ATLAS DAS VIAGENS E DOS
EXPLORADORES

NÃO É
NADA DIFÍCIL
O Livro dos Labirintos
Madalena Matoso
PLANETA TANGERINA

A MEIA PERDIDA
anine bösenberg

MUSEU
PENSAMENTO
JOANA BERTHOLO
CAMINHO

PLANETA TANGERINA
DAQUI, NINGUÉM PASSA!
ISABEL MINHÓS MARTINS

ISABEL MINHÓS MARTINS
SIGA A SETA!
ANDRÉS SANDOVAL

● 주목할 만한 책

>→ **Montanhas (Mountains)**

by Madalena Matoso

>→ **Amigos do Peito (FRIENDS FROM THE HEART)**

by Cláudio Thebas & Violeta Lópiz

>→ **Atlas das viagens e dos exploradores (Atlas of travels and explorers)**

by Isabel Minhós Martins & Bernardo P. Carvalho

>→ **Não é nada difícil (It's not that hard, The Book of Mazes)**

by Madalena Matoso

>→ **Um dia na praia (A day at the beach)**

by Bernardo P. Carvalho

>→ **A Meia Perdida (THE LOST SOCK)**

by Anine Bösenberg

>→ **THE MUSEUM OF THOUGHTS**

by Joana Bértholo

>→ **Daqui ninguém passa (NOBODY PASSES)**

by Isabel Minhós Martins & Bernardo P. Carvalho

>→ **Siga a seta! (Follow the arrow!)**

by Isabel Minhós Martins & Andrés Sandoval

박물관의 공기

박물관을 일부러 찾아간 건 아니었다. 편집 숍이 모여 있는 도로를 걸어가다 우연히 자연사 박물관을 지나게 되었다. 흘깃 쳐다보고 한 블록 정도 걸어가다가 박물관으로 되돌아왔다. 매표소 앞까지 와서도 들어갈까 말까 고민했던 까닭은 어느 유명한 자연사 박물관에 갔을 때 지나치게 웅장한 소장품에 기가 눌려버렸던 경험 때문일 것이다.

그러나 포르투갈 자연사 박물관Museu Nacional de História Natural e da Ciência은 깔끔하고 잘 정리된 소장품을 기대하고 찾아가면 실망할 수도 있다. 솔직히 말해 소장품은 별로 없는 편이다. 묘하게 방치된 느낌마저 드는 이 박물관은 여행 정보 사이트 트립어드바이저가 선정한 리스본의 473개의 명소 중 289위에 랭크되어 있다. 한마디로 인기 없는 곳이다. 박물관에 있는 내내 관람객을 서너 명밖에 보지 못했으니 관광객뿐만 아니라 리스본 시민들에게도 관심을 받지 못하는 박물관인 것 같다.

오래되고 먼지 쌓인 이 박물관은 이상하게 상상력을 자극하는 데가 있었다. 빈방과 채워지다 만 캐비닛, 구석에 걸린 흑백사진에 숨겨진 비밀이 있을 것만 같다. 나는 몇 십 년 동안 버려졌던 박물관에서 숨겨진 비밀을 찾는 영화 속 주인공이 된 듯한 상상을 하며, 리스본

의과대학교에서 사용한 도구들을 전시해둔 방, 지구와 별의 역사를 전시한 방, 오래된 실험 도구와 망원경, 낡은 캐비닛에 보관된 식물 샘플들, 커다란 달팽이와 박제된 고래가 있는 방을 통과했다.

박물관 공기에는 나른한 먼지와 시간을 박제하는 포르말린 향과 약간의 미스터리가 섞여 있다. 이곳의 오후는 아주 천천히 흘러간다. 박물관에서 밖으로 나오자 다시 활기찬 리스본이다. 잠깐 꿈을 꾼 것 같았다.

Museu Nacional de História Natural e da Ciência

주소: Rua da Escola Politécnica 56, 1250-102 Lisboa, Portugal

전화번호: +351 21 392 1800

운영 시간: 화-금 10:00-17:00, 토-일 11:00-18:00 (월 휴무)

홈페이지: www.museus.ulisboa.pt

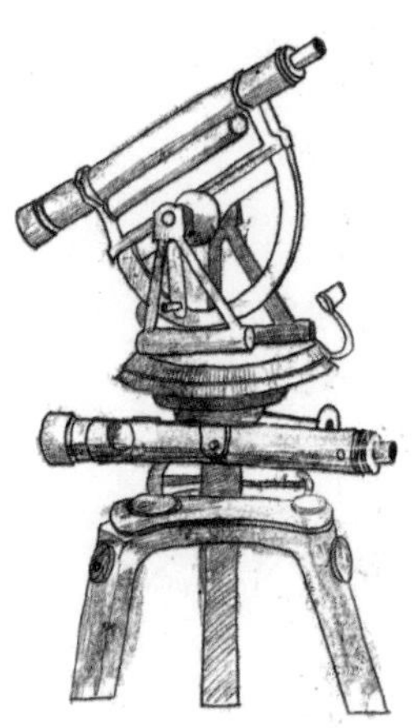

셰프의 음식점

포르투갈에서 먹은 음식들은 놀라울 만큼 성공률이 높았다. 길을 걸어가다 허름해 보이는 음식점에 대충 들어가도 언제나 성공적이었다. 게다가 가격까지 저렴하니 '맛있는 것을 먹고 싶다'는 욕구는 항상 충족되었다. 그럼에도 인간의 욕심은 끝이 없고 '더' '진짜' 맛있는 것을 먹고 싶다는 욕심에 스타 셰프의 레스토랑을 찾아가봤다.

점심시간에 호세 아빌레즈José Avillez 셰프의 레스토랑 칸틴호 도 아빌레즈Cantinho do Avillez에 방문했다. 식전 빵과 함께 트러플 버터와 올리브가 나왔다. 이 트러플 버터만 있다면 어떤 빵이든 맛있게 먹을 수 있을 것이다. 레스토랑의 대표 디저트인 '헤이즐넛'도 인상적이었는데, 헤이즐넛 크림과 헤이즐넛 아이스크림을 숟가락으로 같이 떠먹으면 부드럽고 시원하게 입안 가득 고소한 향이 퍼진다. 메인 요리도 맛있었지만 식전 빵과 디저트가 주는 임팩트에 비하면 뭔가 아쉬운 느낌이다. 혼자 먹는 식사의 단점은 이야기를 나눌 사람이 없이 쓸쓸한 것보다 메뉴를 하나밖에 고를 수 없으니 실패할 확률이 높다는 점이다.

반대로 혼자라서 좋은 경우도 있다. 천장에 달린 거대한 문어가 인상적인 키코kiko 셰프의 세비체 레스토랑 세비체리아A Cevicheria는 예약을 받지 않아 언제나 줄을 서야 하는 인기 있는 레스토랑이다. 나는 혼자여서 한 시간씩 기다린 사람들보다 먼저 하나 남은 바 자리에 앉을 수 있었다.

'세비체Ceviche'는 해산물을 레몬즙에 재운 후 차갑게 먹는 페루 음식이다. 불을 쓰지 않는 세비체 요리는 바 앞에 있는 작은 오픈 키친에서 이루어졌다. 셰프는 주문이 들어오면 바 자리에서 바로바로 음식을 만들어냈다. 능숙한 손놀림으로 재료를 접시에 올리고 꼼꼼히 플레이팅을 하는 모습을 넋 놓고 바라보았다. 마치 요리 프로그램을 눈앞에서 보고 있는 것 같았다. 그렇게 서너 가지 요리를 만든 후 드디어 내가 주문한 요리를 만들기 시작했다. 바 자리에 앉았기에 서버에게 건넬 필요 없이 셰프가 바로 나에게 접시를 건네주고 맛있게 먹으라며 미소를 짓는다. 새콤하고 달콤한 재료들의 섬세한 조화가 훌륭하다.

다른 테이블에서 주문한 디저트의 달콤한 향과 먹음직한 비주얼을 보니 참을 수가 없어져서 금방 만든 디저트가 뭐냐고 물었다. 'Quinoa, Citronella and Strawberries' 메뉴판만 보고서는 절대로 주문하지 않았을 것 같은 이름의 디저트다. 퀴노아 위에 캐러멜화된 설탕을 입히고 딸기와 크림을 올린 이 디저트는 기대보다 어마어마하게 맛있었다. 퀴노아라는 재료로 이런 맛을 낼 수 있다니! 내가 맛있게 먹고 있으니 셰프가 어떠냐고 말을 걸어온다. 내일도 이걸 먹으러 오고 싶을 정도라고, 하지만 슬프게도 내일은 리스본을 떠나야 한다고 말했다. 그는 그럼 다음에 리스본에 또 놀러 오라고 했다. 나는 그러겠다고 했다.

Cantinho do Avillez

주소: R. Duques de Bragança 7, 1200-162 Lisboa, Portugal

전화번호: +351 21 199 2369

운영 시간: 12:30-15:00, 19:00-24:00 (토, 일 12:30-24:00)

A Cevicheria

주소: R. Dom Pedro V 129, 1250-096 Lisboa, Portugal

전화번호: +351 21 803 8815

운영 시간: 12:00-24:00

UM POEMA

언덕을 오르다 문득 뒤를 돌아보면

리스본을 기억하는 일은 오르내린 언덕들을 기억하는 일이다. 테주 강 근처를 제외하면 대부분 길에는 경사가 있었다. 캐리어를 끌고 오른 언덕, 트램을 타고 오른 언덕…… 그 언덕들을 오르다 문득 뒤를 돌아보면 펼쳐져 있던 탁 트인 도시 풍경.

한 도시에서 보내는 열흘은 참 애매한 기간이다. 길다면 길고, 짧다면 짧은. 사실 처음 계획한 리스본 일정은 4박 5일이었다. 비행기 일정을 수정해주지 않은 여행사 직원에게 감사 인사를 해야 할 것 같다. 실수로 생긴 나머지 날들 덕분에 리스본의 매력을 더욱 제대로 볼 수 있었으니 말이다. '오늘이 아니면 내일 가지 뭐' 하는 생각이 오히려 현재의 풍경에 집중하고 지금 있는 곳에 더 오래 머물 수 있게 해주었다. 게으름과 부지런함 사이를 오가며 이곳저곳을 다녔다. 그러나 결국은 가지 못한 곳들이 남았다.

7개의 언덕이라는 리스본의 별명을 마지막 날에서야 알게 되었다. 리스본을 떠나야 하는 날이 다가올수록 리스본에서 살아보면 어떨까 하는 생각을 자주했다. 그만큼 리스본이 마음에 들었고 이 도시를 떠나는 게 아쉬웠다. 리스본에서 산다는 것도 언덕을 오르내리는 것일까. 인생에 1년 정도를 투자해서 리스본의 아름다운 언덕들을 모두 가볼 수 있다면, 숨겨진 곳들에 가볼 수 있다면…… 하지만 그곳에 산다고 해서 도시의 모든 비밀과 아름다움을 알게 되는 일은 없을 것이다. 지금 내가 살고 있는 서울이 그러하듯. 짧은 듯 길었던 열흘 동안 리스본이 내게 보여준 풍경을 잊지 못할 것이다.

이제 체크아웃을 해야 할 시간이다.

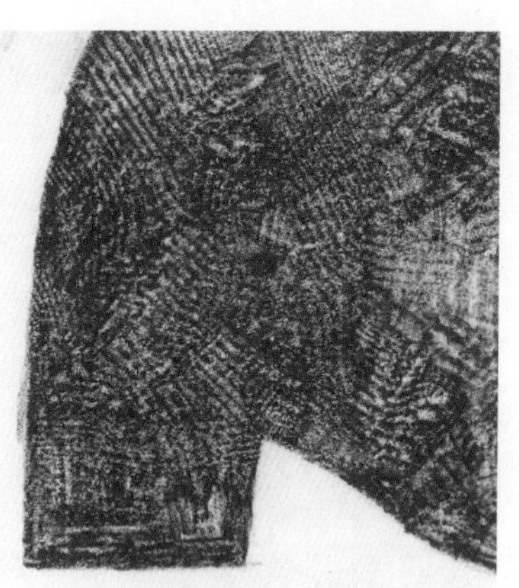

Color of Portugal

현대의 도시를 채우고 있는 색깔은 회색이다. 중립적이고 세련되고 어디에나 무난하게 잘 어울리는 색. 회색 도시에 살던 사람이라면 눈이 번쩍 뜨일 만큼 포르투갈의 도시들은 온갖 색깔들로 가득 차 있다. 포르투갈이라는 이름을 가진 색깔의 세계에 들어온 것 같은 기분이다.

집을 회색으로 놔두면 지루한 사람이라고 소문이라도 나는 것인지 포르투갈 사람들은 형형색색의 타일과 페인트로 집을 꾸민다. 빨강, 주황, 노랑, 파랑, 보라, 분홍, 청록…… 처음 칠할 때는 촌스러웠을 수도 있는 벽의 색상들을 햇빛과 시간이 가장 예쁜 색깔로 변화시켰다. 빛바래고 낡아 조금 옅어진 원색과 파스텔 톤으로 가득한 도시는 끝내주게 색을 잘 쓰는 디자이너의 작품이라고 해도 믿을 수 있을 만큼 조화롭다.

리스본의 넘실대는 파스텔 톤, 줄무늬 마을 코스타노바의 쨍한 원색, 바다 마을 나자레의 투명하고 채도 높은 색깔, 포르투의 우아하고 빈티지한 색깔…… 그리고 항상 인간이 만드는 색보다 아름다운 바다와 하늘과 땅의 색깔까지. 포르투갈에서 만난 색은 언제나 사랑스러웠다. 알록달록한 팔레트의 한가운데에서 마음에 드는 색깔들을 수집하는 일은 무척 즐거운 일이었다.

MAKE
PORTO
POORE
AGAIN
CORREIO

MAÇÃ
GOLDEN
BIOLÓGICO
2,95 / KG.
MAÇÃ
CRISON
CRISPI
BIOLÓGICAS
3,50 €/kg

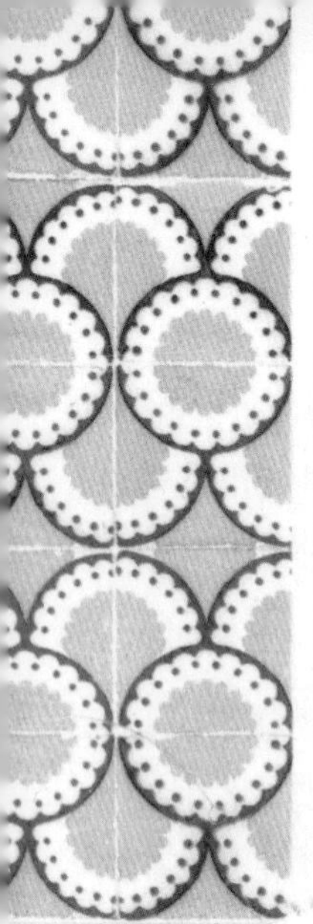

morning view of flat: 7am

OLÁ VAMOS À FESTA?
#DIZOLÁ
08/2018
67246068

Lisbon

suburb

리스본 근교

viva viagem
SINTRA
Património Mundial
World Heritage
Inclui mapa de Sintra
includes map of Sintra

작은 여왕의 도시, 오비두스

오비두스Óbidos는 정말 작은 도시다. 마을을 이쪽 끝에서 저쪽 끝까지 천천히 걸어도 30분이면 충분한, 모두가 잠든 어느 새벽에 도시의 한쪽 끝에서 누군가를 부른다면 저 끝에서 대답해줄 수 있을 것 같은 곳.

이 작은 도시의 집들은 모두 흰색으로 칠해져 있다. 먼지 한 톨 없는 대도시의 차가운 흰색이 아닌 따뜻하고 소박한 아이보리 같은 흰색이다. 그 흰색을 배경으로 파란색, 분홍색 수국과 붉은 장미가 여기저기 피어 있고, 집집마다 꽃 장식이 되어 있다. 말린 꽃으로 만든 화관을 파는 가게를 지나간다. 엄마가 사준 화관을 쓴 아이들은 신이 났다. 엄마까지 화관을 쓰고 아이들과 손을 잡고 가게를 떠나자 가게 주인 할머니는 다시 화관을 만들기 시작한다. 꿈속에 나올 것 같은 풍경이다.

1282년, 오비두스를 지나던 디니스 왕이 한눈에 반한 이 도시를 이자벨 여왕에게 선물하면서 작지만 사랑스러운 이 하얀 도시는 대대로 여왕의 직할시가 되었다고 한다. 오비두스에 가득한 꽃들은 이자벨 여왕의 취향이었을까? 여왕의 도시가 되기 전부터 꽃을 사랑한 도시였을까? 어느 쪽이든 여왕의 도시라는 이름이 아깝지 않을 만큼 아름다운 곳이다.

오비두스는 문학과 책의 도시이기도 하다. 매년 문학 축제가 열리고, 이 작은 마을에 커다란 서점이 두 개나 있다. 트렌디해 보이는 외관의 아드가 서점Livraria da Adega에는 중고책이 벽을 천장까지 가득 채우고 있고, 오래된 성당을 개조해 만든 산티아고 서점Livraria de Santiago에는 신간들이 책장을 채우고 있다. 더 리터러리 맨The Literary man 호텔에서 5만 권의 장서를 보며 하루를 보낼 수도 있다. 포르투갈어를 모르더라도 책을 사랑하는 도시의 서점을 들르는 것은 즐거운 일이다.

오비두스에서 꼭 맛봐야 할 것이 있다면 초콜릿 잔에 담긴 포르투갈의 전통 체리주 진자ginja. 체리로 만든 진자는 달콤하지만 도수가 높다. 독하다 싶은 진자 한 모금을 마신 후 잔이었던 초콜릿을 씹어 먹으면 진한 알코올과 초콜릿의 달콤함이 절묘하게 어우러진다.

지역 특산물과 공예품을 파는 가게와 식당 들이 모여 있는 거리에서 딱 한 블록만 걸어 나오면 아무도 없는 조용한 골목이다. 신나서 아무 방향으로나 걸었다. 금세 도시를 둘러싸고 있는 성벽에 도착했다. 성벽으로 올라가 탁 트인 경치와 도시를 내려다본다. 여유롭게 경치를 즐기고 싶지만 고소공포증이 있는 나는 부들부들 떨면서 좁은 성벽 위를 걸었다. 바람이 한 번 불어올 때마다 탁 트인 경치로 굴러 떨어지는 상상을 했다. (바람은 1초에 한 번씩 불어왔다.) 기어코 제일 높은 곳까지 올라가서 보았던 그 경치가 아름답게만 기억되는 걸 보니 아찔한 흔들다리를 건넌 후 고백을 하면 심박수가 빨라져서 사랑에 빠진 것으로 착각한다는 실험이 틀리지는 않은 것 같다.

무사히 성벽에서 내려와 다시 아무렇게나 걷다보니 갤러리에 닿았다. (이렇게 작은 도시에서는 마음 가는 대로 걸어 다녀도 거의 모든 것들을 만날 수 있다!) 의상 디자이너이자 세트 디자이너이기도 했던 아빌리오Abílio는 오비두스와 나자레의 매력에 빠져 오랫동안 하얀 집들과 그 사이를 오가는 오비두스 사람들을 반복해서 그렸다. 아마도 그가 매일 창문을 열면 볼 수 있는 풍경이었을 것이다. 이런 아름다운 도시를 일상으로 두었던 화가가 문득 부러워졌다.

리스본에서 오비두스로

리스본 메트로 캄푸 그란드(Campo Grande) 역에서 Almeda das Linhas de Torres 출구로 나온다. 커다란 연두색 건물이 있는 길 R. Actor Antonio Silva로 들어서면 오비두스행 버스 정류장이 있다(구글 지도에서 bus stop for Óbidos 검색). 칼다스 다 하이냐(Caldas Da Rainha)행 버스를 타고 Óbidos 정류장에서 내린다.

소요 시간: 약 1시간

요금: 편도 7.85유로

Museu Abílio de Mattos e Siliva(갤러리)

주소: Prace de Santa Maria, 2510-053 Óbidos, Portugal

전화번호: +351 26 295 5500

운영 시간: 10:00–18:00

입장료: 무료

Livraria da Adega

주소: R. da Porta da Vila, 2510–089 Óbidos, Portugal

전화번호: +351 93 907 9697

운영 시간: 금–일 11:00–19:00 (월–목 휴무)

Livraria de Santiago

주소: Largo de São Tiago do Castelo, 2510–057 Óbidos, Portugal

전화번호: +351 93 907 9707

운영 시간: 10:00–19:00

Rede eXpressos
SGS
Bilh.N.:418.02.85864
De :NA ARE (418)
Para:LIS OA (1)
Codviagem: 02701
2017-06-30 as: 40
INTEIRO
Viatura : 5 / Lugar :: 12
Preco: 11,50 Eur
MARIAMARTIN Z
Na mudanca da hora entre a 01:00 Horas
e as 03:00 horas mantem a hora ANTIG
www.rede-expressos.pt
NIF: Consumidor Final
Processado por Computador • IVA incluido:6%
VALIDA POR 24 HORAS
O N. DO LUGAR

세상에서 가장 큰 파도, 나자레

여행서에 쓰인 '천국' 같다는 말을 믿지 않는다. 그 묘사보다 나의 관심을 끌었던 것은 세상에서 가장 큰 파도가 친다는 이야기였다. 세상에서 가장 큰 파도가 치는 바다, 서퍼들의 성지, 포르투갈 리스본 근교에 위치한 나자레.

사전 조사를 즐기는 나는 언제나 여행을 떠나기 전 구글 지도에 가보고 싶은 곳을 체크해두는 편이다. 포르투와 리스본 지도에는 미리 찍어온 별들이 가득한 데 비해 나자레에는 아무것도 표시되어 있지 않았다. 목표는 아주 심플했다. '바다를 본다' 딱 하나.

이미 점심시간이 지나고 있다. 버스에서 내리자마자 트립어드바이저와 블로그에서 점심 먹을 만한 곳을 찾아본다. 메뉴는 포르투갈식 해물탕으로 결정하고 나자레 지도에 첫 번째 별을 표시했다.

오후 1시, 나자레에 도착했다. 버스에서 내리자마자 돌아가는 막차 시간을 확인한다. 막차 시간은 6시 40분. 바다를 즐길 시간은 충분하다.

약간의 소금기, 흰색 집들에 반사된 빛, 기념품과 해변 용품을 파는 가게, 강렬한 햇빛에 바래 파스텔 톤으로 변해버린 해변의 건물들, 그 사이에 널린 빨래 아래로 천천히 걸어간다.

나자레 푸니쿨라Ascensor da Nazaré를 타면 정면에 보이는 거대한 절벽으로 올라갈 수 있다. 그 위에 서면 나자레의 바다와 마을이 한눈에 들어온다. 푸니쿨라 앞의 기념품 가게에서 이 바위 언덕을 집어삼킬 것 같은 거대한 파도가 치는 장면을 담은 흑백사진을 팔고 있다. 아마 세상에서 가장 큰 파도가 쳤던 날이었을 것이다.

유명한 바다라 사람으로 바글거릴 줄 알았는데 생각만큼 붐비지 않았다. 딱 적당한 인원이 저마다의 방식으로 바다를 즐기고 있다. 아이와 노인, 가족과 연인, 그리고 가끔 나같이 혼자 온 사람들. 의외로 서핑을 하는 사람은 많지 않다. 모두 각자의 속도로 바다를 즐기고 있다.

커다랗게 넘실대는 파도에 비치는 햇빛이 끝없이 반짝거렸다. 파도의 크기 때문일까, 포르투갈의 햇살 때문일까. 하루 종일 보고 있어도 질리지 않을 것 같은 바다였다. 여행서에서 묘사한 '천국 같다'는 표현에 결국 고개를 끄덕였다.

해변의 가장자리로 갈수록 파도는 커지고 인적은 드물어졌다. 저 멀리서 밀려온 파도가 소심하게 발끝만 적시며 걸어가던 나의 무릎을 치고 갔다. 치마 밑단이 젖어서 아예 과감하게 파도와 놀기 시작했다. 신이 났다. 문득 어린아이로 돌아간 기분이 들었다.

리스본에서 나자레로

리스본 메트로 자르딩 주로지쿠(Jardim Zoologico) 역에 연결되어 있는 Rede express 버스터미널에서 나자레행 버스를 탄다. myRNE 앱이나 www.rede-expressos.pt에서 스케줄을 확인하고 예약할 수 있다.

요금: 편도 11.5유로

소요 시간: 약 2시간

오비두스에서 나자레로

오비두스 버스 정류장에서 칼다스 다 하이냐행 버스를 타고 종점인 버스 터미널에서 내린 후 나자레행 버스로 갈아탄다.

요금: 편도 1.9유로

소요 시간: 약 1시간-1시간 30분

Ascensor da Nazaré

주소: R. do Horizonte 20, 2450-065 Nazaré, Portugal

전화번호: +351 26 255 0010

운영 시간: 07:30-24:00

요금: 편도 1.2유로

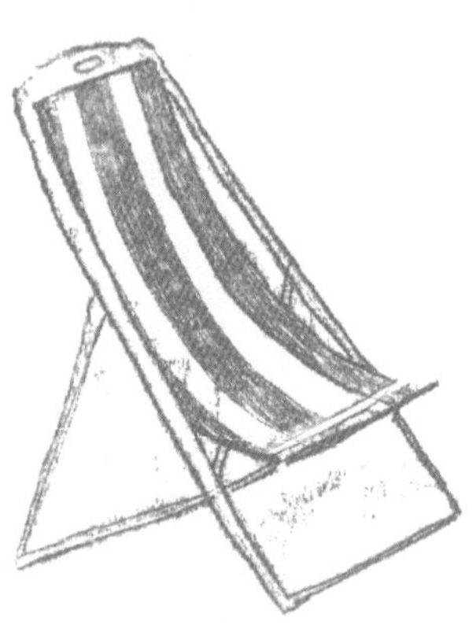

Serviços
Municipalizados
da Nazaré
NAZARÉ
N.C. 680017399
ASCENSOR DA NAZARE
NAZARE*
ADULTO IDA E VOLTA
2,40 €
Título válido até: 28-09-2017
IVA incluido
Processado por computador
0002301445412187271164 T071
30-06-2017 14:45

BUTTER

신트라에서 보낸 하루

도시 전체가 유네스코 세계유산인 신트라Sintra를 당일치기로 보려면 중요한 포인트만 가더라도 아침 일찍 출발해야 한다는 조언을 듣고도 늦잠을 자버렸다. 신트라로 가는 기차를 타기 위해 신트라 선이 출발하는 호시우 역에 도착하니 이미 낮 12시. 모두 둘러보는 것은 어차피 불가능해졌으니 마음에 드는 몇 군데만 골라서 돌아보기로 한다.

신트라 지역 버스 노선

신트라의 명소로 가는 모든 버스는 신트라 역 앞에서 출발한다. 신트라 역 출구로 나와 오른쪽 버스 정류장에서는 페나 성, 무어 성, 헤갈레이라 별장으로 가는 버스가, 왼쪽 버스 정류장에서는 호카곶, 카스카이스행 버스가 출발한다.

434 신트라 역-신트라 궁-무어 성-페나 성-신트라 역
435 신트라 역-헤갈레이라 별장-몬세라트 궁전
403 신트라 역-호카곶-카스카이스

신트라 원데이 트래블 카드

리스본과 신트라를 잇는 기차와, 신트라 지역 버스를 하루 동안 자유롭게 이용할 수 있다.

요금: 16유로 (호시우 역에서 구입 가능)

Saída de Emergência

NÃO FUMADORES
NO SMOKERS
NON FUMEURS

Sintra

BUS map

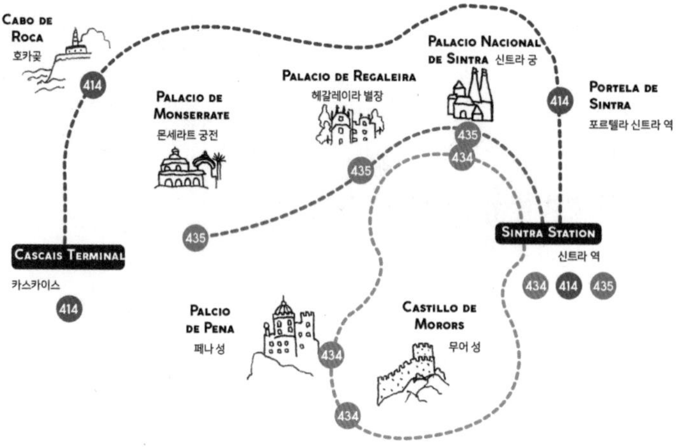

CABO DE ROCA
호카곶
414
PALACIO DE MONSERRATE
몬세라트 궁전
PALACIO DE REGALEIRA
헤갈레이라 별장
PALACIO NACIONAL DE SINTRA 신트라 궁
PORTELA DE SINTRA
포르텔라 신트라 역
414
435
434
435
435
SINTRA STATION
신트라 역
434 414 435
CASCAIS TERMINAL
카스카이스
414
PALCIO DE PENA
페나 성
CASTILLO DE MORORS
무어 성
434
434

동화 속 궁전, 페나 성

신트라를 소개하는 책자 표지의 90퍼센트는 페나 성Palácio de Pena이 차지하고 있을 것이다. 산꼭대기의 구름들 사이에 위치한, 그야말로 동화 속에서 튀어나온 것 같은 궁전은 매력적이다. 나 역시 그 모습에 반해 신트라까지 오게 되었으니 말이다.

434번 버스를 타고 페나 성을 향해 산으로, 산으로 올라간다. 꽤나 경사가 높다. 나무들 사이로 가파른 절벽 위에 서 있는 페나 성이 보이기 시작한다.

페나 성의 매표소에서 살 수 있는 여러 가지 옵션이 있는데 무어인의 성채 티켓을 함께 저렴하게 구입할 수 있다. 신트라를 다녀온 사람들은 무어 성이 더 좋았다고 입을 모아 말했지만 무어 성의 사진을 본 순간 오비두스에서 올랐던 아찔한 성벽이 떠올라 무어 성은 깔끔하게 포기했다.

페나 성은 폐허가 된 수도원을 고쳐 포르투갈 왕족들의 여름 별궁으로 사용했다고 한다. 궁전 외벽은 빨간색, 노란색, 초록색 원색으로 칠해져 있고, 이슬람 양식, 고딕, 마누엘, 르네상스, 바로크 등 온갖 건축 기법과 장식이 총동원되어 있다. 포르투갈의 건축물에서 빠질 수 없는 아줄레주 타일 역시 성 여기저기를 장식하고 있다. 너무 다양한 양식이 섞여 있어 자칫 정신없어 보이기도 한다. 게다가 이렇게까지 다양한 원색을 사용한 성이라니! 놀이공원 같다는 평가에도 수긍이 간다. 원색에 푹 빠진 성의 주인이 저 벽 전체를 빨간색과 노란색으로 칠하라고 했을 때 모두들 경악했을지도 모르겠다. 어찌되었든 나는 이 알록달록한 성이 마음에 들었다. 일반적인 성의 우아함이나 섬세함과 다른 자신만의 명확한 개성 때문에 페나 성은 신트라의 랜드마크가 되었고, 많은 사람들에게 사랑받는 성이 될 수 있었으니 말이다.

페나 성의 노란색 테라스에 앉아 커피를 마시며 신트라를 내려다본다. 날씨가 맑아 아주 멀리까지 보였다.

Palácio de Pena

주소: Estrada da Pena, 2710-609 Sintra, Portugal

전화번호: +351 21 923 7300

운영 시간: 09:30-20:00

입장료: 7.5유로, 공원 + 궁전 내부 14유로

홈페이지: parquesdesintra.pt

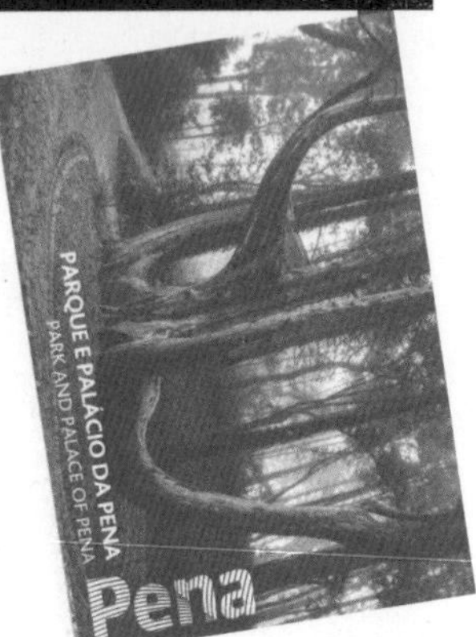
PARQUE E PALÁCIO DA PENA
PARK AND PALACE OF PENA
Pena

이상한 나라의 앨리스,
헤갈레이라 별장

헤갈레이라 별장Quinta da Regaleira은 신트라 역에서 멀지 않은 곳에 위치해 있다. 헤갈레이라 자작 부인의 소유였던 별장을 1892년 보석과 커피로 큰 부자가 된 카르발류 몬테이루가 사들인 후, 당대의 유명한 건축가인 루이지 마니니에게 건축을 맡겨 1910년 완공됐다. 당시 이 별장의 별명은 '백만장자 몬테이루의 궁전'이었다고 한다.

화려한 외관의 별장보다 흥미로운 것은 1만 평에 이르는 거대한 정원이다. 울창한 정원 속에 복잡하고 비밀스러운 통로와 우물, 이리저리 연결되는 어두운 동굴, 모자이크가 있는 폭포, 징검다리와 양 갈래 길, 숲속의 계단들이 여기저기 숨겨져 있고 올림푸스 신화, 프리메이슨, 연금술, 장미십자회, 단테 등 수수께끼처럼 숨겨진 상징들을 찾아볼 수 있다.

27미터에 이르는 시작의 우물Initiation Well은 우물이라는 실제적인 기능이 있다기보다는 현실 너머의 세계로 들어가는 문에 가깝다. 나선형 계단을 뱅글뱅글 돌아 우물 바닥까지 내려가 동그랗게 잘린 하늘을 올려다본다. 우물 바닥에서 이어지는 한 치 앞이 안 보이는 깜깜한 통로는 이상한 나라의 앨리스가 토끼를 쫓아 들어갔던 굴을 떠올리게 한다. 별장의 설계자가 넓은 정원에 펼쳐놓은 다양한 수수께끼들을 앨리스가 된 기분으로 쫓는다.

Quinta da Regaleira

주소: R. Barbosa do Bocage 5, 2710-567 Sintra, Portugal

전화번호: +351 21 910 6650

운영 시간: 09:30-19:00

입장료: 6유로

홈페이지: regalerira.pt

세계의 끝, 호카곶

세계의 끝으로 가는 버스를 탄다. '땅이 끝나고 바다가 시작되는 곳'으로 불렸던 유라시아 최서단 호카곶Cabo da Roca으로 가는 버스에서 나는 내내 초조했다. 버스를 탈 때부터 해는 이미 넘어가고 있었으나 한 시간은 더 가야 했다. 해가 천천히 지기를, 나를 조금만 기다려주길 기도했던 것이 효과가 있었던 걸까. 버스는 하늘이 가장 아름답게 물든 시간에 맞춰 호카곶에 도착했다.

오묘한 남색과 신비로운 보라색, 사랑스러운 분홍색의 그러데이션에 가슴이 두근거렸다. 솜사탕처럼 달콤하게 섞인 색깔 위로 태풍 같은 바람이 불어온다. 걷기가 힘들 정도다. 바람을 뚫고 한 걸음 한 걸음 바다를 향해 걸었다. 드디어 바다와 만나는 절벽 끝에 서자 거대하게 펼쳐진 바다 앞에서 이곳이 한때 세계의 끝이었던 이유를 이해한다. 이 앞으로 배를 타고 나아가도 영원히 바다가 계속될 것처럼 느껴지는 거대한 바다다. 눈을 감고 파도가 절벽에 부서지는 소리를 들었다.

우리에게 아름다운 호카곶을 잠시 보여준 것으로 오늘의 할 일을 마쳤다는 듯이 해는 순식간에 사라지고 어둠이 내렸다. 다시 버스를 타고 신트라 역으로 돌아오는 동안 줄곧 거대한 바다를 생각했다.

어느새 익숙해진 신트라 역이지만 처음으로 신트라 시내 쪽으로 걸음을 옮겼다. 해물 밥이 유명하다는 돔 피파스 레스토랑Restaurante Dom Pipas으로 향했다. 오늘의 추천 메뉴인 문어 밥과 해물 볶음 요리, 샹그리아를 주문했다. 그릇을 깨끗이 비우며 신트라에서의 하루를 마무리했다.

Cabo da Roca

주소: Estrada do Cabo da Roca s/n, 2705-001 Colares, Portugal

입장료: 없음

Restaurante Dom Pipas

주소: R. João de Deus 62, 2710-524 Sintra, Portugal

전화번호: +351 21 923 4278

운영 시간: 화-일 12:00-22:30 (월 휴무)

Cabo
da Roca
403
símbolos, aí onde a escrita é a condensação de sentido.
Arquipélagos e sinais é um belo título para estas constelações feitas de alfabetos para ler as estrelas. Ou uma constelação não é exactamente um arquipélago que assinala um infinito horizonte da arte?
17-050461 - Página 113

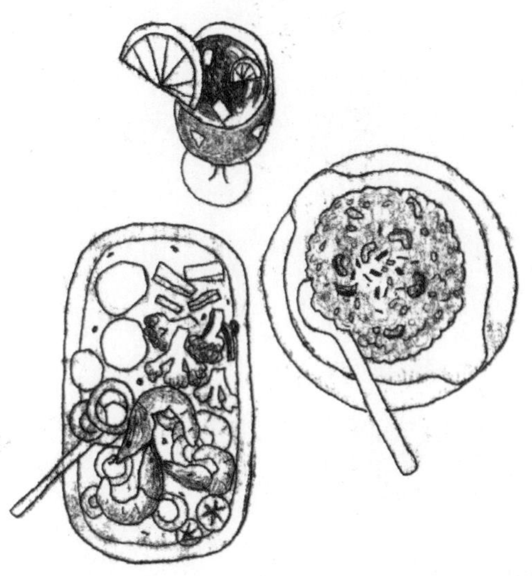

CARNE
Mirandesa
Prove e comprove!

Porto

포르투

A - MUSEU

ENTRADA

Museu: oferta Bilhete Parque
Museum: free admission Park

VALIDADE: 10/07/17 10:00 0 70

EURO 10,00 (2005$00)

IVA à Taxa Normal

FS07/17 FS00010 RO FS AA1

SERRALVES

Porto Information

포르투 기본 정보

포르투Porto는 포르투갈 북서부에 위치한 포르투갈 제2의 도시로, 포르투갈이라는 나라 이름은 이 도시에서 유래했다. 포르투는 포르투갈어로 o Porto, '항구'라는 뜻이다. 대서양으로 흘러가는 도루 강Douro River 하구에 위치해 문화와 상업의 통로 역할을 하며 항구도시로 번성했다. 도루 강을 끼고 있는 언덕에 위치한 오래된 도심 지역인 포르투 역사지구는 1966년에 유네스코 세계문화유산으로 지정되었다. 포트와인 산지로도 유명하다.

MAP

도루 강을 기준으로 북쪽은 포르투, 남쪽은 빌라 노바 드 가이아(Villa nova de Gaia) 지역으로 불린다.

바이샤Baixa 포르투의 중심지. 시청이 있는 알리아도스 광장과 상 벤투 기차역 주변의 지역으로 많은 관광지와 볼거리가 모여 있다.

히베이라 Ribeira 도루 강변에 인접한 포르투에서 가장 오래된 지역으로 유네스코 세계문화유산으로 지정되어 있다.

세도페이타Cedofeita 포르투의 예술지구로, 갤러리, 스튜디오, 편집 숍, 빈티지 숍 등 트렌디하고 예술적인 공간들이 많다.

빌라 노바 드 가이아 Vila nova de Gaia 도루 강 건너편 남쪽에 있는 지역으로 와이너리가 밀집해 있다.

공항에서 시내로

프란시스쿠 드 사 카르네이루 공항(Francisco de Sá Carneiro Airport) 또는 간단히 포르투 공항으로도 불린다. 포르투 시내에서 북서쪽으로 약 11킬로미터 떨어진 곳에 위치해 있다.

메트로

포르투 공항에서 시내로 가는 방법 중 가장 저렴하게 이동할 수 있다.
에어로포르투(Aeroporto) 역에서 보라색 E선을 탑승한 후, 포르투 최대 환승역인 트린다데(Trindade) 역에서 목적지와 가까운 메트로로 갈아탄다. 시내 중심에 위치한 상 벤투(Sao Bento) 역으로 간다면 트린다데 역에서 노란색 D선으로 환승한다.
티켓 판매처: 메트로 티켓 자동판매기에서 Z4 trip 구입
소요 시간: 약 30분
요금: 편도 2.55유로(1.95유로 + 안단테 카드 보증금 0.6유로)
운행 시간: 06:00-01:00

버스

새벽에 공항에 도착하거나 공항으로 가야 한다면, 심야 버스인 3M 버스를 이용하면 된다.
에어포르투(Aeroporto) 역 - 알리아도스(Aliados) 역 구간 순환 운행(1시간 간격)
소요 시간: 약 30분
요금: 편도 1.95유로
운행 시간: 01:00-05:00

택시

Uber, Cabify, My Taxi 등의 택시 애플리케이션으로 편리하게 이용할 수 있다.
소요 시간: 약 15분
요금: 약 12-15유로

+ 안단테 카드

포르투의 충전식 교통카드로 메트로, 버스, 트램 탑승 시 사용할 수 있다.(보증금 0.6유로)

리스본 ↔ 포르투

리스본와 포르투는 버스나 기차, 비행기를 이용해 오갈 수 있다. 버스로 이동하는 것이 가장 편리하고 비용도 저렴하다.

버스

Lisboa Sete rios 출발 → Porto 도착
리스본 자르딩 주로지쿠(Jardim Zoologico) 역 건너편에 있는 빨간색 건물인 Rede Expressos 버스터미널에서 버스를 탑승하면 포르투까지 편하게 갈 수 있다. 포르투에서는 Campo 24 de Agosto 역 근처의 Rede Expressos 버스터미널(Campo 24 de Agosto 125, 4300-096 Porto)에서 하차한다.
소요 시간: 3시간 30분
요금: 편도 20유로(학생 16유로)
예약: www.rede-expressos.pt
애플리케이션 myRNE

LIFE
ANNOUNC
WIN
OF THE YO
OGRA
TABOA 5
Copra do natural

Cornetto
10/2018
L7098012 4

63
65
67
FLOW

andante

아주 오래된 얼굴

어느 도시를 여행하든 도시를 처음 접하는 순간이 있다. 이곳이 어떤 곳이라는 판단을 내리기 전에 가장 깨끗한 상태로 마주하는 '첫인상 타임'. 익숙하지 않은 동전들로 버벅대며 교통카드를 사서 역 밖으로 나오면 눈앞에 쏟아지는 그 모든 첫 모습. 캐리어를 끌고 숙소로 향하며 지나치는 골목, 횡단보도, 표지판, 평범한 가게들…… 특별할 것 없는 그 풍경은 처음 보았다는 이유만으로 강렬하게 남는다.

오전 8시 반, 숙소가 위치한 트린다데Trindade 역의 출구로 나온다. 저 멀리 클레리구스 탑Torre dos Clerigos이 보인다. 지도를 확인하고 횡단보도를 건너 골목으로 들어선다. 아직 이른 시간이라 골목 안 가게들은 모두 문이 닫혀 있어 고요하다. 몇 시간 전까지 리스본에 있었기 때문인지 리스본과 다른 점들이 먼저 눈에 들어온다. 포르투의 골목은 리스본의 골목보다 좁고, 차분하고 오래된 분위기가 풍긴다. 파스텔 톤으로 가득했던 리스본에 비하면 중후한 갈색, 그을린 듯한 잿빛과 진한 청록색 등 모든 색깔이 시간을 품은 듯이 보인다. 흑백사진으로만 남아 있는 오래된 풍경에 색을 덧칠한 것 같다.

백 년 된 먼지가 쌓여 있을 것 같은 건물 위로 여기저기 깨진 타일들도

이상하게 우아했다. 오랜 세월을 버텨온 것만이 지닐 수 있는 우아함과 아름다움을 지나치며 걷는다. 아름답게 낡은 빈티지 같은 도시, 공기마저도 세월을 품어 시간이 천천히 흐를 것 같은 곳. 그것이 포르투가 준 첫인상이었다.

나중에 알고 보니 내가 들어섰던 그 골목은 빈티지 가게들이 모여 있는 거리였다. 아무런 선입견 없이 도시의 첫인상을 받아들일 수 있었던 그때, 포르투에서도 유독 오래된 골목으로 이끌리듯 갔던 것이다. 여러 가지 얼굴을 가진 포르투가 나에게 가장 먼저 보여준 것은 아주 오래된 얼굴이었다.

광장의 온도

차 한 대가 겨우 다닐 만한 조용하고 좁은 골목을 걸어가다가 갑작스럽게 탁 트인 광장을 만난다. 순간 눈이 부시다. 야자수가 몇 그루 서 있기는 하지만 그림자를 만들기엔 터무니없이 적다. 네모나게 트인 공간 위로 빛이 그대로 쏟아진다.

분수가 뿜어내는 물방울들이 시원하게 하늘을 향했다가 떨어진다. 광장 중심에는 역사적 인물의 동상이 당당하게 자리 잡고 있는데, 근엄한 표정을 한 동상의 머리 꼭대기는 언제나 갈매기가 차지하고 있다. 레스토랑들은 광장 쪽으로 야외 좌석을 두고 있어 식사를 즐기는 사람들의 수다 소리가 끊이지 않는다. 사람들이 모여들고 흘러가는 장소인 광장은 언제나 밝고 명랑한 기운을 품고 있다.

시원하고 어두운 골목으로 들어갔다가 다시 또 다른 광장으로 나온다. 그것을 반복한다. 언제나 광장의 온도는 조금 더 높다.

고메즈 테익세이라 광장 Praça de Gomes Teixeira

주소: Praça de Gomes Teixeira 10, 4050-024 Porto, Portugal

사자 분수가 있어 사자 광장으로도 불린다. 이 광장 앞에 위치한 포르투 대학에는 신입생들을 이 분수에 빠뜨리는 전통이 있다고 한다.

리베르다드 광장 Praça da Liberdade

주소: R. Dr. António Luís Gomes 320, 4000-010 Porto, Portugal

광장 중앙에 페드로 4세 동상이 있고, 위쪽에는 포르투 시청이 있다.

스테인드글라스로 장식되어 아름답기로 유명한 맥도날드도 바로 이곳에 있다.

세상에서 가장 아름다운, 렐루 서점

'세상에서 가장 아름다운', 웬만한 자부심이 아니고서야 이런 최상급의 별명을 붙이기가 쉽지 않을 텐데 포르투 사람들은 이 수식어를 이곳저곳에 붙여두었다. 세상에서 가장 아름다운 서점으로 불리는 서점이 있다. 1869년 안토니오 렐루, 호세 렐루 형제가 창업한 렐루 서점Livraria Lello은 조앤 롤링Joan K. Rowling이 『해리포터』를 쓸 때 영감을 얻은 곳으로 더 유명해진 서점이다.

1991년, 어머니를 잃고 삶의 변화가 필요했던 롤링은 영어 교사를 모집한다는 공고를 보고 포르투로 날아간다. 그녀는 낮에는 카페에서 글을 쓰고, 저녁에는 영어를 가르치며 이야기를 구상하기 시작한다. 포르투 출신 남성과 사랑에 빠져 결혼하고 딸을 낳지만, 문화적 차이를 이기지 못하고 결국 이혼을 하고 딸과 함께 동생이 있는 스코틀랜드로 돌아온다. 그리고 매일 유모차를 끌고 카페로 출근해 『해리포터와 마법사의 돌』을 완성한다.

내가 해리포터에 흠뻑 빠졌던 시기는 초등학생 때였다. 특히 『해리포터와 마법사의 돌』을 얼마나 열심히 읽었던지 친구가 해리포터에 관한 퀴즈를 내면 못 맞추는 게 없었다. 생소한 마법사의 세계로 우리 '머글'들을 얼마나 자연스럽게 초대하는지! 그 생생한 묘사와 상상력의 기반이 된 공간을 롤링이 『해리포터』 집필 초기에 머물렀던 포르투에서 찾아볼 수 있다.

롤링이 호그와트 기숙사의 움직이는 계단과 도서관을 구상하는 데 영감을 받은 장소로 렐루 서점이 알려지면서 서점은 몰려든 관광객들로 몸살을 앓게 된다. 사진 촬영을 필사적으로 막으며 분위기를 유지하려던 서점은 결국은 두 손을 들었고, 입장료를 받는 것으로 타협하게 된다. 서점에 입장료라니, 왠지 거부감이 들어 그냥 창문을 통해 한번 들여다보고 지나갈까 하다 결국은 옆 건물에서 판매하는 티켓을 사서 서점으로 되돌아왔다. '세상에서 가장 아름다운'이라는 수식어를 확인하고 싶은 마음이 컸다.

입장료를 받는 대신 책을 구입하면 그 금액만큼 할인을 받을 수 있다. 그래서 책을 사기로 한다! 무겁지 않으면서, 다른 곳에서 사기 힘들고, 여행 중에 읽으면 영감을 줄 것 같은 그런 책으로. 여행지에서 책을 꽤 사는 편이지만 이번에는 어떤 의무감을 가지고 책을 살피기 시작한다. 마음에 드는 책들은 하나같이 크고 무거운 책들이었지만 스스로 재앙을 초래하고 싶지 않았기에 그런 책들은 소파에 앉아서 잠깐 살펴보기만 했다.

책을 고르다가 문득 고개를 들면 아름다운 서점의 모습이 눈에 들어왔다. 아르누보 스타일의 목재 장식들이 서점 전체를 섬세하게 꾸미고 있다. 천장의 스테인드글라스를 통해 떨어지는 은은한 빛이 책을 더 품격 있어 보이게 한다. 오래된 책장 앞에서 진지하게 책을 고르는 사람들이 보인다. 우아한 곡선을 그리며 1층과 2층을 잇는 빨간 융단이 깔린 계단은 사진을 찍는 사람들로 북새통이었지만 나중에는 그마저도 정겨워 보였다. 아마 이들도 해리포터의 세계에 빠져 다음 권을 목 빠지게 기다려본 적이 있을 것이다.

고심 끝에 고른 책은 한 가지 오브젝트를 다각도에서 탐구하는 'Object Lessons' 시리즈 중 『Bookshelf』. 책장의 역사를 설명한 책이다. 포르투 건물들의 파사드를 다룬 『Lojas do Porto』 도 과감하게 샀어야 했는데 못내 아쉽다. 책을 살 생각이 아니었다면 사진을 찍고 10분 만에 나올 수도 있는 이곳에서 거의 두 시간을 보냈다. 문득 입장료가 세상에서 가장 아름다운 서점에 더 오래 머물게 하기 위한 장치처럼 느껴졌다. 사진만 찍고 돌아섰다면 아마도 몰랐을 서점의 아름다운 풍경들. 서점은 책을 사려는 사람에게 그 매력을 보여준다.

Livraria Lello

주소: R. das Carmelitas 144, 4050-161 Porto, Portugal

전화번호: +351 22 200 2037

운영 시간: 10:00-19:30

홈페이지: www.livrarialello.pt

Memorial do Convento
O Evangelho Segundo Jesus Cristo
levantado do chão
folhas políticas

PORTUGUESA
Olívae
O MEU SABONETE

메이드 인 포르투갈, A vida portuguesa

렐루 서점에서 몇 발짝만 옮기면 '거의 완벽한' 편집 숍이라고 부르고 싶은 가게가 있다. 모형 자동차, 장난감, 빈티지 오브젝트와 디자인 상품들이 있는 1층의 페르난도스 마토스Fernandes Mattos에서 연결된 계단을 타고 올라가면 포르투갈에서 만들어진 물건 중 아름다운 것들만 엄선해서 판매하는 상점 아 비다 포르투게사A vida portuguesa가 나온다. 포르투에서 기념품을 사기 위해 딱 한 곳만 갈 수 있다면 꼭 가봐야 할 곳이 바로 여기다.

여행가이자 저널리스트인 카타리나 포르타스Catarina Portas가 포르투갈을 여행하며 발견한 아름다움을 간직한 전통적인 물건을 담아낸 A vida portuguesa. '포르투갈의 생활'이라는 뜻의 가게 이름처럼 도자기, 비누와 치약, 의류, 문구, 책, 클리닝 제품, 과자, 초콜릿과 와인까지 포르투갈 사람들의 생활을 구성하는 다양한 물건들과 몇몇 오래된 포르투갈 브랜드들과 함께 만들어낸 자체 상품들이 넓은 공간을 구석구석 채우고 있다.

단순히 예쁘고 트렌디한 물건이 아닌 품질 좋은 수공예 제품들,

전통적인 방식으로 천천히 만들어지는 물건들, 수십 년에 걸쳐 장인에게서 다른 장인에게로 전해져온 노하우로 만들어진 포르투갈의 물건들은 부지런한 포르투갈 사람들이 이어온 삶의 방식을 보여준다. 물론 이곳에 있는 모든 제품은 눈이 번쩍 뜨일 만큼 아름다운 패키지와 시각적인 디테일을 가지고 있다.

오래된 것들을 존중하는 그녀의 철학은 가게를 여는 방식에도 묻어난다. 1호점은 리스본의 오래된 향수 공장에 자리를 잡았고, 포르투의 2호점은 100년이 넘도록 원단과 부자재를 판매하던 오래된 가게의 2층을 사용하고 있다. 리모델링을 했다고 말하기엔 모든 요소 — 우아한 창문과 캐비닛, 조명, 진열대 — 가 옛 모습 그대로이다. 유일하게 새롭게 추가한 가구는 손님이 앉아서 창밖의 클레리구스 탑을 편안히 앉아 볼 수 있는 소파뿐이다.

이렇게 멋진 편집 숍을 만나면 항상 그 가게의 주인 같은 사람이 되고 싶다. 생활을 아름답게 만들어줄 물건을 발견할 줄 아는 사람, 그 사람이 추천하는 거라면 믿고 살 수 있고, 내가 보지 못했던 아름다움을 발견해서 보여주고 가치를 알려주는 사람. 갤러리에서 예술작품을 소개하는 큐레이터와 편집 숍의 주인은 근본적으로 비슷하다고 생각한다. 그렇게 취향과 아름다움을 발견하고 나눌 줄 아는 사람이 되고 싶다.

가게를 통째로 쓸어오고 싶어서 괴로웠던 쇼핑을 끝내고 나니 어느새 저녁이었다. 렐루 서점에 이어 여기서도 엄청난 시간을 지체했다는 말이다. 포르투에서 첫날은 그렇게 갔다.

A Vida Portuguesa – Loja Clérigos

주소: R. da Galeria de Paris 20, 4050-182 Porto, Portugal
전화번호: +351 22 202 2105
운영시간: 10:00-20:00
홈페이지: avidaportuguesa.com

오래 머물 호스텔 고르기

여행을 준비할 때 내가 특히 공을 들이는 것은 숙소를 정하는 일이다. 저마다 숙소를 고르는 기준이 있겠지만 내가 상대적으로 별로 중요하지 않게 생각하는 것은 편리한 위치다. 오묘한 위치에 있는 불편함과 관광지에서 떨어진 주변 환경을 은근히 즐기기 때문이다. (그래서 이상한 외딴곳에서 묵은 경험이 많다. 오키나와에서 주변에 바다와 산뿐인 숙소를 잡았을 때, 숙소에 가기 위해 히치하이킹을 세 번이나 하고 개에게 쫓기고 주변에 음식점이나 슈퍼마켓도 없어 밤새 굶었던 기억도 돌아보면 다 즐거웠던 기억이다.) 사람들이 남긴 후기도 그다지 찾아보지 않는다. 가격은 지나치게 비싸지만 않다면 오케이.

도대체 그럼 무엇을 보느냐 하면 '저 공간에 머물고 싶은가' 하는 것이다. 빛은 잘 들어오는지, 가구의 배치는 어떠한지, 숙소의 창문으로 보이는 풍경은 어떤지 같은 것들. 밖으로 나가지 않아도 저 숙소라면 온종일 있어도 괜찮겠다 싶은 그런 곳. 저 숙소에서 보내는 시간이 아름다울까 하는 질문. 숙소의 사진을 찾아보다가 단 한 장의 사진에 반해 숙소를 결정하기도 한다.

포르투갈에는 저렴하고 좋은 숙소가 정말 많다. 일정이 짧다면 비싸더라도 과감하게 마음에 드는 숙소를 고르는 편이지만 일정이 길었기에 너무 비싼 숙소를 고를 수는 없었다. 위치를 신경 쓰지 않는 편이지만 2주 동안 수업을 다녀야 하니 역에서 너무 멀지 않아야 했다. 그러던 중 마음에 드는 호스텔을 발견했다.

빛이 잘 들어오는 깔끔한 방, 카페 같은 라운지와 작은 정원, 우아한 로비와 바닥 타일…… 포르투 리퍼블리카 호스텔Porto República Hostel&Suites 홈페이지의 사진들을 보며 다른 숙소를 더 찾아볼 필요가 없겠다 싶었다. 게다가 가격까지 저렴하다(영국에서 묵었던 좁아터지고 음산했던 숙소 금액의 반값밖에 되지 않았다). 이러다 사기당하는 건 아닌지 반신반의하는 기분으로 입구의 벨을 눌렀다.

체크인을 기다리며 소파에 앉아서 호스텔을 둘러봤다. 문의 장식, 천장의 디테일, 바닥의 타일 같은 것들은 오래된 듯하나 우아했으며 주방은 현대적이고 깔끔했다. 오래된 것과 현대적인 것들이 멋지게 조화를 이루고 있다. 유럽의 어느 저택에 초대를 받은 것 같았다. 배정된 침실은 테라스가 딸린 빛이 잘 들어오는 방이었다. 직원이 포르투 지도를 주며 모르는 것이 있으면 언제든 물어봐도 좋다고 했다.

호스텔은 시끌벅적한 날도 있었지만 대체로 고요한 분위기였다. 크게 기대하지 않았던 조식도 아주 마음에 들었다. 매일 아침 접시에 햄과 치즈와 빵, 시리얼, 당근 케이크 등을 담아 정원으로 나가서 먹었다. 설거지를 하고 나가는 길에 사과를 하나 집어서 수업을 들으러 가며 베어 먹었다. 저녁에는 테라스나 정원의 의자에 앉아서 맥주를 마시며 렐루 서점에서 사온 책을 조금씩 읽거나 음악을 들었다. 그렇게 이곳에서의 날들은 일상이 되었다.

Porto República Hostel & Suites

주소: Praça da República 38 Porto, Portugal

전화번호: +351 22 201 1270

홈페이지: portorepublica.com

Cremosi

GELADARIA ARTESANAL PORTUGUESA

Agora Mesmo, Lda.
N.I.F. 513744029
Rua Jose Falcao,2
4050-314 Porto

Fatura FT 201701Y2017/676 (698)

나의 인생 젤라또

나는 모두가 입을 모아 맛이 없다고 평가하는 것들을 그럭저럭 '먹을 만하다'며 잘 먹는다. 모두가 맛있다고 하는 것들도 그럭저럭 '먹을 만하다' 하며 먹는다. 나의 '먹을 만하다'의 범위는 아주 넓고 '맛있다'의 범위는 꽤 좁다. 맛있다고 평가하는 데에는 은근히 인색한 편이지만 정말 맛있는 음식을 만나면 크게 감동받는다. 그리고 정말 몇 안 되는 '인생'을 붙일 만한 음식들을 떠올리면 당장 비행기를 타고 싶어진다.

아이스크림을 그다지 즐겨 먹지 않지만 뜨거운 햇빛 아래를 걸어 다니다보면 무엇이라도 좋으니 시원한 것을 먹고 싶어진다. 누군가 젤라또를 들고 걸어간다. 주변을 돌아보니 젤라또 가게 크레모지Cremosi가 있었다. 알록달록 다양한 맛의 젤라또 중에 스트라차텔라Stracciatella를 골랐다. 처음에는 스트라차텔라가 무엇인지 몰랐다. 포르투갈의 과일 이름인가, 하며 한 입을 먹었다.

눈이 번쩍 뜨였다. 나도 몰랐던, 지금 내가 가장 먹고 싶었던 맛이었다. 우유의 산뜻하고 시원한 맛에 적당히 씹히는 다크 초콜릿의 조화가 완벽했다(스트라차텔라는 이탈리아어로 작은 조각들이라는 뜻으로 우유에 초콜릿 칩을 더한 젤라또다). 로마에서 줄을 서서 처음 맛본 젤라또보다도 맛있었다. 다 먹고 치우고 나서도 이 맛의 여운에서 벗어나지 못했다. 가게가 숙소에서 멀지 않았고 늦은 시간까지 열려 있어서 나는 매일같이 이곳에 갔다. 레몬, 라임 민트, 바닐라, 밀크 캐러멜, 다크 초콜릿, 민트 초콜릿…… 온갖 맛들을 맛보다가 다시 스트라차텔라로 돌아오곤 했다.

동생이 포르투에 간다고 했을 때 가장 먼저 추천한 곳은 크레모지였다. 동생에게도 이곳 젤라또가 '인생' 젤라또였다고 한다. 우리는 한동안 신나서 아이스크림에 대해 이야기했다. 아이스크림 이야기를 하며 그렇게 즐거웠던 것도 처음이었다.

Cremosi

주소: Rua de José Falcão 2, 4050-294 Porto, Portugal

전화번호: +351 22 322 3485

운영 시간: 13:00-24:00 (일, 월 13:30-19:00)

도시의 화려한 중심, 상 벤투 역

포르투의 중심이 어디인가를 떠올리면 도루 강보다 상 벤투São Bento 역이 먼저 떠오른다. 어디든지 걸어갈 수 있는 아담한 도시인 포르투에서 목적지를 향해 걷다보면 자꾸만 상 벤투 역을 마주치게 된다.

1900년, 화재로 폐허가 된 상 벤투 베네딕트 수도원을 당대 최고의 건축가와 화가가 아름다운 기차역으로 변모시켰다. 상 벤투 역을 장식하고 있는 화려하고 웅장한 2만 개의 아줄레주 타일 벽화는 포르투갈의 중요한 역사적 사건들을 세밀하게 묘사하고 있다.

상 벤투 역을 지날 때면 일부러 역 안으로 들어가보곤 했다. 화려한 아줄레주 사이에 위치한 커다란 시계와 출발과 도착을 알리는 표지판, 그 뒤로 출발하려고 기다리는 기차와 사람들이 어우러진 풍경은 여러 번 보아도 좀처럼 질리지 않았다.

São Bento Railway Station

주소: Praça Almeida Garrett, 4000-069 Porto, Portugal

Departure
Arrival

MINHO

강으로 향하는 꽃의 거리

상 벤투 역 앞의 광장은 언제나 사람으로 넘쳐난다. 상 벤투 역에서 내려 도시의 첫인상을 맛보고 있는 관광객들, 무심하게 지나가는 포르투 시민들, 포르투를 떠나기 위해 상 벤투 역으로 들어가는 사람들.

상 벤투 역 맞은편에 있는 좁고 높게 솟은 노란색 건물이 눈에 띈다. 노란색 외벽과 대비되는 빨간색과 분홍색 간판에 산뜻한 볼드체로 쓰인 문구 "VESTIR BEM E BARATO SÓ AQUI"는 궁금증을 불러일으킨다. 어쩐지 "먹고, 마시고, 사랑하라!" 같은 시적인 조합일 것 같았던 문장의 뜻은 "Dress well, and cheap, only here." 그러니까 싸고 멋지게 잘 입자, 오직 여기서! 뜻을 알고 보면 어이없게 느껴지는 이 광고판은 어느새 도시의 아이콘이 되었다. 과거에 저렴한 옷을 판매하던 가게는 없어졌으나 광고판은 그 자리에 남아 포르투를 지키고 있다.

'VESTIR BEM E BARATO SÓ AQUI' 건물의 왼쪽은 대로에 가까운 실베이라 거리, 오른쪽은 작은 골목길인 플로레스 거리Rua das Flores다. 어느 길을 고르든 그 끝에서 도루 강과 만나게 된다. 대로변과 작은 골목길 중 하나를 선택해야 한다면 여행자로서 옳은 선택은 작은 골목길이다. 길 이름만 보고 선택한다 해도 역시 꽃의 거리 쪽으로 걸어가고 싶어진다. 실베이라 거리에 비해 조용한 플로레스 거리에는 오래된 책방, 고풍스러운 상점, 와인 숍, 예쁜 카페들이 늘어서 있다. 사람의 이름이 사람의 삶에 영향을 미치는 것처럼 거리의 이름도 알게 모르게 거리의 삶에 영향을 미쳤을 것이다.

플로레스 거리 초입에 있는 유명한 에그타르트 가게 나타 리스보아NATA Lisboa에서 산 따끈한 에그타르트를 하나 입에 물고 플로레스 거리를 따라 걷는다. 이 길을 걸어가면 그 끝에 강이 나온다는 것. 그걸 떠올리면 기분이 좋아진다.

NATA Lisboa

주소: R.das Flores 291, 4050-267 Porto, Portugal

전화번호: +351 22 099 4507

운영 시간: 10:00-20:00

VESTIR BEM
É BARATO
SÓ AQUI
TOURIST SERVICE

히베이라 지구 산책

히베이라 지구Cais da Ribeira는 동 루이스 다리와 강가 포르투의 가장 오래된 지역이다. 강변의 히베이라 광장 근처에는 카페와 레스토랑이 즐비하지만, 한 골목만 들어가면 허름한 집들과 미로 같은 좁은 골목과 계단이 숨어 있다. 조용한 골목에는 고양이들이 경계심 없이 졸고 있고 창가에는 빨래가 나부낀다. 시간이 가져다준 색을 지닌 오래된 건물들은 빈티지 숍에서 만난 오래된 엽서의 한 장면처럼 정겹다. 그 속으로 한 발짝 한 발짝 걸어간다.

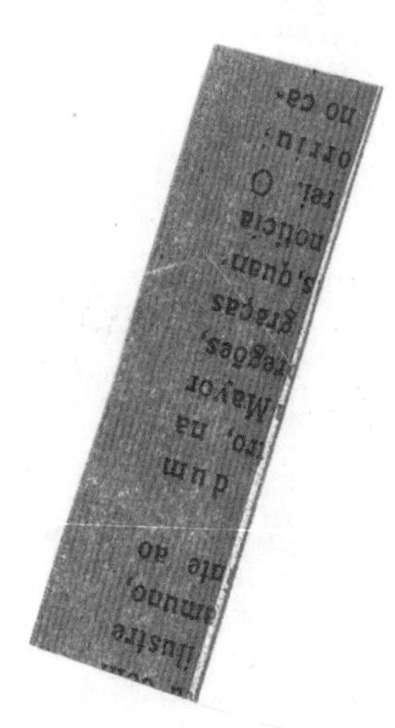

포르투갈식 해물밥

포르투갈에서 먹어야 할 음식은 해산물이 들어간 것이면 어떤 것이든(!)이라고 말할 수 있지만 그중에서도 놓치지 말아야 할 것은 포르투갈식 해물밥인 아로즈 드 마리스쿠Arroz de Marisco다. 토마토퓌레에 새우, 조개, 문어, 게, 홍합 등 다양한 해산물과 밥을 넣고 커다란 냄비에 푹 끓여낸 해물밥은 해산물 맛이 진하고 적절히 매콤해 한국인이라면 누구나 좋아할 만하다. 한 번 먹으면 가끔 생각나는 그런 맛. 친구는 포르투갈에서 이 음식에 중독되어 매일같이 먹었다고 했다.

문제는 대부분 이 요리를 커다란 냄비에 끓여 최소 2인분씩 판매한다는 것이다. 오고 가며 눈여겨봐두었던 레스토랑인 에센시아 루사Essência Lusa에 가서 해물밥 1인분이 가능하냐고 묻자 다행히 된다고 했다. 기쁜 마음으로 자리에 앉았다. 맥주는 늘 궁금했던 체리 맥주 탱고tango를 주문했다. 하얀 냄비에 해물밥이 담겨 나왔다. 달콤한 맥주와 함께 해산물이 가득 든 해물밥을 싹싹 긁어먹었다.

Essência Lusa Restaurante

주소: R. de São João 85, 4050-553 Porto, Portugal

전화번호: +351 91 074 4839

운영 시간: 12:30-15:30, 19:00-22:30 (월 휴무)

도루 강은 언제나

애초에 항구도시로 시작한 포르투에서는 의미 없는 가정이지만 포르투에 도루 강이 없었다면 어땠을까? 한강이 없는 서울, 세느 강이 없는 파리와 다름없었을까? 아니, 그 어떤 도시의 강보다 사라진 모습을 상상하기 어렵다. 도루 강을 낀 협곡에 자리 잡은 포르투에서 도루 강의 존재는 상당히 크며, 도시가 품은 아름다움의 많은 부분을 차지한다.

일부러 강을 보러 가지 않더라도 길을 걷다보면, 문득 뒤를 돌아봤을 때, 메트로를 탈 때, 골목을 빠져나왔을 때, 갑작스럽게 눈앞에 보이는 도루 강.

포르투는 어디에 있든 도루 강의 곁에 있다. 포르투에 있는 동안은 언제나 강과 함께였다. 그렇게 강이 있는 풍경에 익숙해졌지만, 아름다움에는 쉽게 익숙해지지 않았다. 도루 강의 풍경은 매번 새로운 모습을 보여주었고, 늘 새롭게 아름다웠다.

강변 식당에서, 해물 타파스

타파스Tapas는 스페인에서 술과 곁들여 간단히 먹는 소량의 음식을 말한다. 저녁을 먹고 나서 간단히 술을 마시고 싶을 때, 이 가게 저 가게 돌아다니면서 먹고 싶을 때, 메인 요리 하나를 배부르게 먹기보다 조금씩 다양한 종류의 음식을 먹고 싶을 때는 타파스 가게가 딱 좋다. 와인 문화가 발달한 포르투에서도 타파스를 파는 가게들을 쉽게 만날 수 있다.

도루 강변의 히베이라 광장에서 인기 있는 타파스 집인 지마오Jimão에 자리를 잡고 화이트 와인으로 만든 샹그리아와 두 가지 타파스를 골랐다. 문어가 들어간 먹물 파스타가 앙증맞은 접시에 담겨 나왔다. 포르투에서 먹는 모든 해산물이 훌륭하지만 역시 문어가 최고다. 카레 소스가 뿌려진 새우구이는 샹그리아와 아주 잘 어울렸다. 적당히 배부르고 적당히 알딸딸해진 채로 다시 도루 강변으로 나온다. 기분 좋은 저녁이다.

Jimão Tapas e Vinhos

주소: 11, Praça da Ribeira, 4050-509 Porto, Portugal

전화번호: +351 22 092 4660

운영 시간: 12:00-22:00 (화 휴무)

와이너리에서 마시는 포트와인

도루 강 건너편의 빌라 드 노바 가이아Vila nova de Gaia 지역에는 크고 작은 포트와인 와이너리가 모여 있다. 포트와인은 17세기 영국과 프랑스의 전쟁으로부터 시작되었다. 프랑스와의 전쟁으로 와인을 수입하지 못하게 된 영국인들이 새롭게 찾아낸 와인 산지가 바로 포르투 지역이었다. 한 달이나 걸리는 운송 기간 동안 부패하는 것을 방지하기 위해 숙성 중인 포도주에 알콜 도수가 70도에 달하는 브랜디를 넣어 방부제 역할을 하도록 만들었다. 덕분에 도수는 독해지고, 포도의 당분이 발효되지 않고 남아 맛이 더 달콤해졌다.

포트와인의 종류는 짧게 숙성해 포도 향이 풍부하고 부담 없이 즐길 수 있는 붉은색의 루비Ruby, 작은 오크통에서 10-30년을 숙성시켜 더 깊은 맛을 내는 황금색의 토니Twany, 그해 최고의 포도만을 선별하여 만든 빈티지Vintage 포트 등이 있다.

와이너리마다 투어를 진행하는데, 포트와인이 숙성되고 있는 커다란 오크통 사이에서 가이드의 설명을 들은 후에 와이너리의 포트와인 두세 가지 종류를 시음해볼 수 있다.

설명을 듣기보다 마시는 것이 좋은 애주가라면 투어에 쓸 돈을 아껴 맛있기로 유명한 20년 숙성 토니 포트를 한 병 사서 나오는 것도 좋겠다. 술이 아니라 디저트라고 할 만큼 달콤하지만, 알콜 도수가 20도가 넘으니 맛있다고 계속 홀짝이다가는 숙소에 기어서 들어오고 다음 날까지 일어나지 못해 죽었다고 오해받을 수도 있으니 조심하자(호스텔에서 만난 친구의 이야기다).

● **와이너리**

Cálem

주소: 344, Av. de Diogo Leite, 4400-111 Vila Nova de Gaia, Portugal
전화번호: +351 91 611 3451
운영 시간: 10:00-19:00
웹사이트: tour.calem.pt

Sandeman

주소: Largo Miguel Bombarda 3, 4430-175 Vila Nova de Gaia, Portugal
전화번호: +351 22 783 8104
운영 시간: 10:00-12:30, 14:00-18:00
웹사이트: www.sandeman.com

Graham's Port

주소: Rua do Agro 141, 4400-281 Vila Nova de Gaia, Portugal
전화번호: +351 22 377 6484
운영 시간: 09:30-17:30
웹사이트: www.grahams-port.com

Taylor's Port

주소: Rua do Choupelo 250, 4400-088 Vila Nova de Gaia, Portugal

전화번호: +351 22 374 2800

운영 시간: 10:00-18:00

웹사이트: taylor.pt

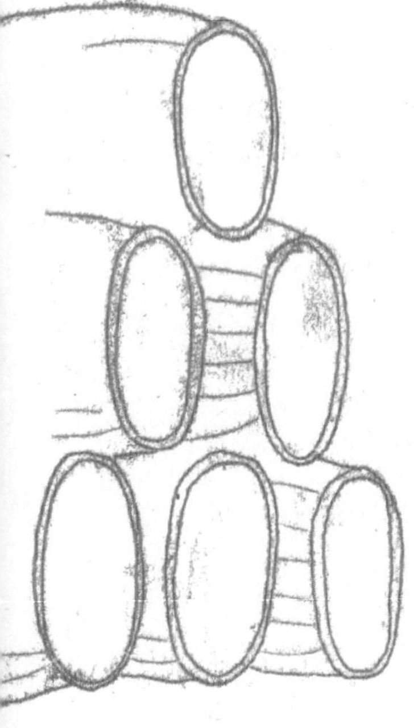

CÁLEM
GRAHAM'S
10
PORT

빈티지로 가득 찬 거리

도시 전체가 빈티지 숍 같은 포르투에서 유독 빈티지 상점이 늘어서 있는 거리가 있다. 루아 두스 마티리스 다 리베르다드Rua dos Mártires da Liberdade는 내가 묵었던 호스텔로 가는 직선거리에 있는 길목이었다. 처음 이 길에 들어섰을 때는 이른 오전 시간이었고, 상점의 문은 굳게 닫혀 있었다. 사실 그때는 모두 망해서 문을 닫았다고 생각했다. 그만큼 낡고 인적이 드문 거리였다. 망한 줄 알았던 그곳들이 모두 빈티지 숍이었다는 것을 알게 되었을 때의 놀라움이란!

하나둘씩 영업을 시작하는 가게들의 유리창 너머로 보이는 조명, 가구, 책, 오래된 장난감, 소품에 설레었다. 어딘가 숨어 있을 나만을 위한 물건을 찾기 위해 보물찾기를 하듯 먼지 쌓인 물건들을 뒤적였다.

나는 결국 손바닥만 한 피렌체 흑백 엽서 세트와 작은 디테일이 아름다운 유리병을 구입했다. 포르투의 빈티지로 가득 찬 거리에 오래도록 앉아 있었던 이 물건들은 대서양을 건너 서울에 있는 나의 작업실 책장 한구석에 자리 잡았다.

↓

● **빈티지 상점**

O Baú dos 60

주소: Rua Mártires da Liberdade, 224 Porto, Portugal

전화번호: +351 91 736 7805

Dois Dedos de Conversa

주소: Rua dos Mártires da Liberdade, 192 Porto, Portugal

O Sótão da Tia Becas

주소: Tv. de São Carlos 22, 4050-359 Porto, Portugal

전화번호: +351 91 178 8675

운영 시간: 11:00-13:00, 14:30-19:00 (일, 월 휴무)

PREVEL
A. PONTES
181
FABRICANTE DE CANDEEIROS ANTÓNIO PONTES
FECHADO
bom apetite

DISCOS DE VINIL
A PARTIR DE
€ 1,00
COLETÂNEAS
A PARTIR DE
€ 5,00
A ILHA NEGRA
archivos Hergé
LA BALLADE DE LA MER SALÉE
BLUEBERRY

Chocolate Negro com Vinho do Porto.
Dark Chocolate with Port Wine.

포르투갈 미술 수업

가이아에서 생긴 일

와이너리가 밀집한 빌라 드 노바 가이아 지역의 강변에서 더 남쪽으로 내려가면 포르투 시민들의 생활을 엿볼 수 있는 신시가지가 있다. 포르투갈에서 듣기로 한 미술 수업은 메트로 노란색 D라인 종점인 산토 오비디오Santo Ovidio 역 근처에서 진행되었는데, 이곳은 아마 98퍼센트의 관광객은 올 일이 없는 동네다. 실수로 종점까지 와버린 1퍼센트의 관광객이나, 포르투의 모든 지역을 다 가보겠다는 호기심 많고 시간 많은 1퍼센트의 관광객이 아니라면 말이다.

수업을 듣는 2주간 매일 가이아 지역에 왔다. 매일 이곳을 오가며 점심을 먹고, 커피를 마셨다. 모든 물건을 엄청나게 싸게 파는 다이소 같은 곳을 발견하기도 했고, 오랫동안 비어 있었던 듯한 가게 안을 들여다보기도 했다. 과일 가게에서 파는 과일은 놀랄 만큼 저렴해서 수업이 끝나고 돌아가는 길에 자주 들러 과일을 샀다. 점점 이 평범한 동네를 들여다보는 것이 좋아진다.

GENTE

IMPERADOR
Avianense
Avianense

D'ALMÔ
SABORES DA NATUREZA
www.d'almo.pt
www.dalmo.pt

TRIXIE

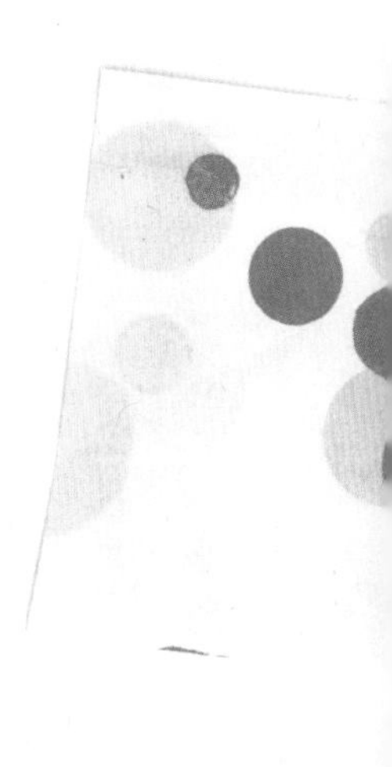

ILLUSTRATION SCHOOL
SUMMER 2017
CASA DA IMAGEM
VILA NOVA DE GAIA
PORTUGAL
Monday 3 July
Casa da Imagem
RISO Workshop

일러스트레이션 서머 스쿨

스스로가 고갈되어가는 기분에 빠졌던 시기가 있었다. 그때의 나는 제자리걸음을 반복하며 한 발짝도 나아가지 못하고 있었다. 채움과 새로운 자극이 필요했다. 새로운 것들을 접하고 배워나가던 학생의 신분이 그리웠다. '다른 나라 학생들은 어떤 것을 배우고 있을까' 하는 궁금증과 잠자고 있던 유학에 대한 로망이 다시 살아났지만 몇 년을 투자해야 하는 유학은 너무나도 큰 결단이 필요했다. 자꾸만 현실이 발목을 잡았다. 그러던 중 포르투에서 진행되는 2주짜리 일러스트레이션 서머 스쿨을 우연히 알게 됐고, 홈페이지를 보며 두근거림을 느꼈다. 2주 동안 수업을 듣는 것은 작은 용기만 낸다면, 작은 결단만 내린다면 충분했다.

어쨌든 나를 포르투까지 오게 만든 수업의 첫날이다. '이곳이 맞을까' 싶은 조금은 불안한 마음으로 벨을 눌렀다. 독립출판사 'Uncanny editions'을 운영하며 일러스트레이션 서머 스쿨을 운영하는 카렌Karen이 나와 활짝 웃으며 반겨준다. 어색하게 자리에 앉아 미리 온 다른 학생들과 간단히 인사를 나눈다. 2주 동안의 스케줄이 빼곡히 적힌 종이를 받았다. 올해 여름 수업의 주제는 '음식Food'. 흥미로워 보이는 일정을 살펴보는 것만으로도 설레고 가슴이 뛰었다.

Illustration School

홈페이지: www.illustration.school

비밀스러운 이미지의 집

첫 수업은 공간을 탐험하는 것으로 시작되었다. 앞으로 수업하며 지내게 될 공간의 이름은 'casa de image', 즉 이미지의 집이다. 과거에 사진을 현상하는 공장이었던 이곳 1층이 우리의 스튜디오다.

중앙 정원을 둘러싸고 있는 ㄷ자 모양의 2층짜리 오래된 건물의 방을 하나하나 들어가본다. 스튜디오에서 계단을 타고 올라가 암실과 필름을 보관하던 곳, 주방과 침실, 거기서 이어지는 캐비닛이 있는 창고와 책상이 있는 사무공간을 차례로 통과한다. 나는 오래되고 방치된 이 건물에 속한 모든 것에 완전히 매료되었다.

빈 액자, 캐비닛 속의 낡고 묵직한 카메라, 현상되지 않은 필름, 실패한 사진들, 금이 간 라이트박스, 데이터를 보관하던 파일, 상자에 담긴 흑백사진, 여기저기 버려진 것들과 무작위로 쌓여 있는 종이…… 먼지 쌓인 물건들은 각자의 미스터리를 품은 채 아름답게 방치되어 있다. 웨스 앤더슨Wes Anderson의 영화에서 보았던 것처럼 각도 하나까지 세심히 계획해 제작된 세트장이 아닐까? 내가 바라보고 있는 장면에서 누군가 오래된 흑백사진을 한 장 들고 등장하면 영화가 시작될 것 같았다. '이미지의 집'에서 본 장면들은 잔잔하지만 강렬하게 다가왔다.

FUJIFILM

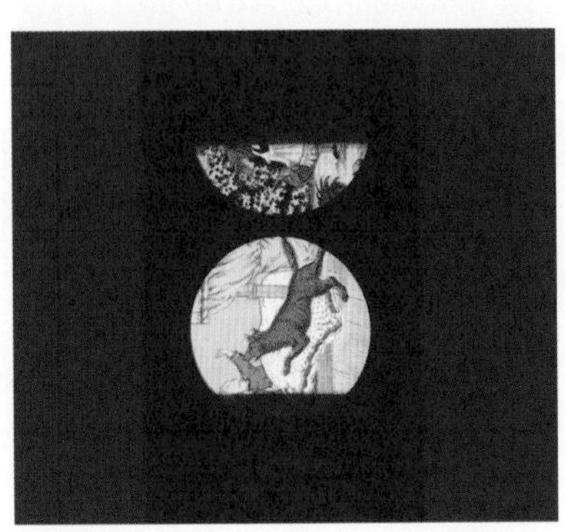

Foto Comercial

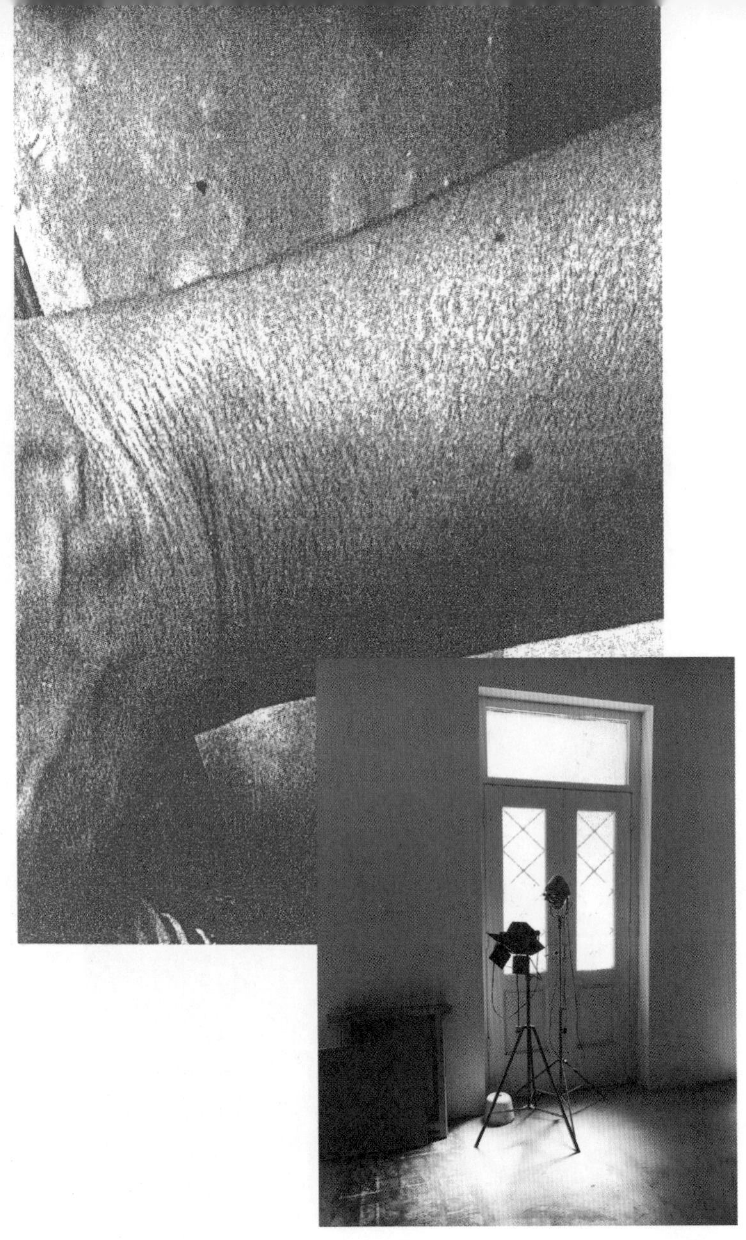

이미지의 순서

가장자리가 너덜너덜한 낡은 레시피 북에 있는 사진들을 크게 확대해서 복사한다. 원래의 맥락을 잃고 추상적인 이미지로 보일 만큼 커다랗게. 그 이미지들을 이리저리 배열해보면서 서로 어떤 작용을 하는지, 어떤 이야기가 나올 수 있는지를 테스트한다. 정해진 정답은 없다. 다만 일러스트레이션은 단순히 한 장의 이미지가 아니라 이야기를 전달해야 한다는 것.

컬렉팅 테이블

입구에 놓인 커다란 공간에 두 사람은 누울 수 있을 만한 기다란 테이블이 있다. 이 테이블을 '컬렉팅 테이블'이라고 부르기로 한다. '음식'이라는 주제와 관련 있는 것이라면 어떤 것이든 올려두어도 된다.

2주간 각자가 먹은 것들, 각자가 수집한 음식과 관련된 흥미로운 것들을 매일 하나씩 가져다 놓았다. 매일 아침, 이곳으로 들어오면서 다른 친구들이 올려놓은 것들을 본다. 어제 올려두었던 과일 껍질은 쪼그라들어 다른 모양을 하고 있다. 2층 주방에 있던 식기와 주방용품을 이곳에 올려두자 그 형태를 새롭게 보게 된다. 누군가는 과일 모양의 귀여운 장난감을 가져다 놓았다. 생각지도 못한 것들이 이 테이블 위로 자꾸만 올라온다.

커다란 테이블이 가득 차서 빈자리가 없을 때까지 우리의 컬렉팅은 계속되었다.

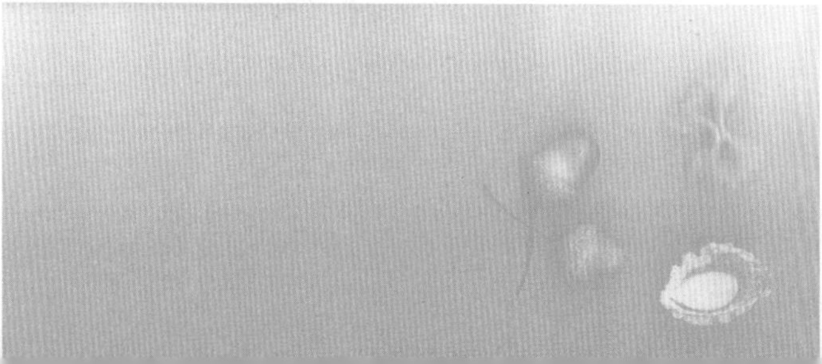

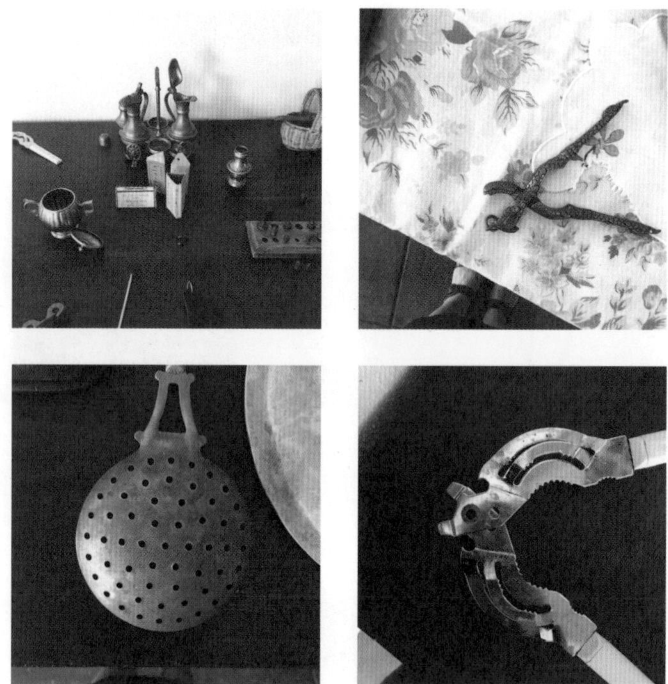

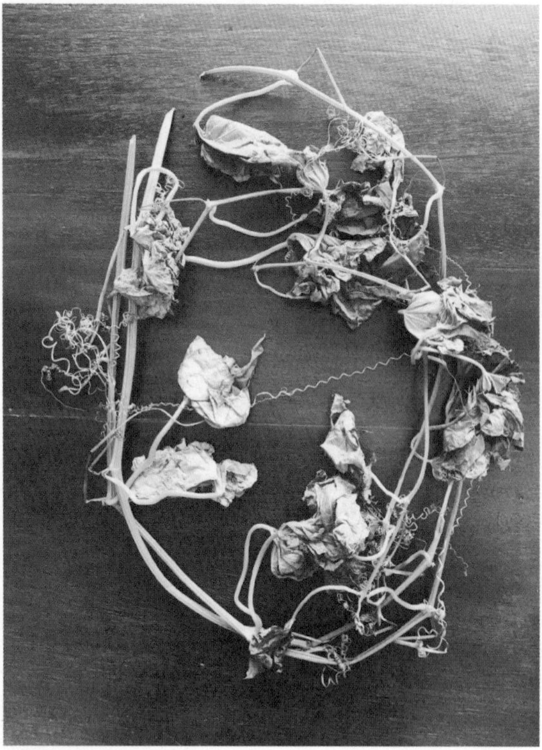

크리에이티브 라이팅

2주간 쓰기Writing 수업이 세 번이나 있었다. 우리말로 쓰는 글도 자신이 없는데 영어로 글을 쓰고 발표한다니 '우리 그냥 그림을 그리는 게 어때요'라고 말하고 싶은 심정이었다.

어릴 적에 가장 인상적이었던 음식에 관한 글을 써보는 시간. 오랫동안 무의식에 묻혀 있던 초등학교 때의 기억이 떠올랐다. 내 책상 서랍에는 『찰리와 초콜릿 공장』이 담겨 있었다. 이미 수십 번을 읽은 책이지만 반복해서 읽어도 질리지 않았다. 매일 집으로 돌아오는 길에 문방구에서 축구공, 농구공, 야구공 모양의 초콜릿을 하나씩 사서 껍질을 까고 동그란 초콜릿을 입안에 넣고 걸었다. 금색 티켓이 들어 있는 초콜릿을 상상하며 포장지 안에 숨겨진 달콤함을 아주 천천히 녹이던 오후.

컬렉팅 테이블에 있는 오브젝트를 무작위로 가져와 새로운 스토리를 만들어보았고, 식탁에서 벌어지는 다양한 상황과 감정을 생각해보거나, 서로를 인터뷰하기도 했다. 다른 친구들의 이야기를 들으며, 내 속에 있던 이야기를 구체화한다. 음식으로 할 수 있는 이야기가 얼마나 무궁무진한지를 깨닫는다.

+ colored paper
Daniel Spoerr
Anecdoted Topography of Chance, 1962
map, book, index
The Essential Hemingway

올리브와 초콜릿

오늘 수업은 초콜릿 가게와 올리브 가게에서 열렸다. 쇼콜라티어 에콰도르Chocolataria Equador 입구로 들어서니 수십 가지 맛의 수제 판 초콜릿과 동글동글한 트러플을 무게를 달아 판매하고 있었다. 아름다운 패키지 디자인이 시선을 잡아 끈다.

동굴 같은 분위기의 가게 안쪽에 모여앉아 주인 부부의 이야기를 듣는다. 원래 그래픽디자이너와 조각가였던 이들이 초콜릿 사업을 시작하게 된 이야기, 로고는 어떻게 디자인했는지, 초콜릿 맛을 시각적으로 해석하는 그들만의 방법, 스토리텔링의 중요성 등 흥미로운 경험담을 풀어준다. 다양한 스케치와 직접 파낸 목판화로 만든 패키지의 판화 원본도 만져볼 수 있었다. 이야기가 마무리되어갈 때 즈음, 주인이 집 모양의 초콜릿을 잔뜩 들고 온다. 크리스마스 한정판으로 만든 집 모양 초콜릿들을 이어붙이자 작은 도시가 완성된다. 슈가파우더를 뿌려 초콜릿 도시에 눈을 내린다. 문득 산타를 기다리며 순수한 기쁨과 즐거움을 느꼈던 어린 시절이 생각났다.

쇼콜라티어 에콰도르에서 그리 멀지 않은 곳에 다양한 브랜드의 올리브오일과 올리브로 만든 제품을 판매하는 올리브앤코Olive&Co가 있다. 세계적으로 유명한 올리브 생산지인 포르투갈에서 올리브는 빠질 수 없는 식재료다. 우아하면서 세련된 매장의 커다란 소파에 앉아 다양한 올리브오일과 올리브로 만든 초콜릿, 스프레드, 잎차 등을 먹으며 제품이 만들어지는 과정에 대한 설명을 들었다. 다양한 제품들의 특징을 잘 살린 패키지와 제품을 돋보이게 만들어주는 인테리어, 올리브를 주제로 발행하는 매거진 등을 살펴보았다.

두 곳 모두에서 누구에게도 부끄럽지 않은 제품을 만들고 있다는 자부심이 느껴졌다. 질 좋은 초콜릿과 올리브를 구입하고 맛보는 경험을 더 아름답게 만들기 위해 그들은 스토리와 시각적 이미지를 만들어가고 있다.

수업을 마치고 나니 양손 가득 초콜릿과 올리브오일과 스프레드가 들려 있었다. 선물로 주려고 이것저것 산 것인데 결국 포르투에서 혼자 다 먹어버리고 말았다. 아침에는 빵에 스프레드나 올리브오일을 찍어 먹고, 수업 중에 커피가 든 초콜릿을 하나씩 까먹고, 해가 진 테라스에서 포트와인과 다크 초콜릿 트러플을 맛보았다. 포르투에서 올리브와 초콜릿을 먹는 시간들을 나에게 선물한 셈으로 치기로 한다.

🡻

Chocolataria Equador (Oporto 지점)

주소: Rua Sá da Bandeira 637, 4000-226 Porto, Portugal

전화번호: +351 96 729 6160

운영 시간: 11:00-19:30 (일 휴무)

Olive&Co

주소: R. de Ferreira Borges 60, 4050-253 Porto, Portugal

전화번호: +351 22 208 3938

운영 시간: 10:00-20:00

주방 들여다보기

오늘도 야외 수업이다. 오늘은 포르투갈 가정집의 주방을 둘러보기 위해 부지런히 시내를 걸어 초인종을 눌렀다.

첫 번째는 디자이너의 작업실 겸 주거 공간. 그가 혼자 지내는 집은 좁은 편이었지만 높은 천장과 빛이 잘 들어오는 큰 창 덕분에 답답하지 않다. 구석에 작은 공간을 차지하고 있는 주방에 그가 모아온 빈티지 오브제들과 빈티지 접시와 컵이 쌓여 있다. 자그마한 하얀색 에스프레소 머신이 눈에 띈다. 주방과 바로 붙어 있는 뒷문으로 나가면 아주 작은 정원에 동그란 커피 테이블이 놓여 있다. 막 요리한 음식을 담은 접시와 에스프레소를 들고 정원으로 나가는 장면이 그려졌다.

두 번째로 방문한 곳은 19세기 중산층의 주택. 포르투갈 가정집에서 쉽게 볼 수 있는 보편적인 구조라고 한다. 넓은 다이닝룸과 분리되어 가장 안쪽에 자리한 주방은 오래되었지만 아주 깨끗하게 정리되어 있다. 어쩐지 안정감을 불러일으키는 주방이다. 나란히 정렬된 소스병과 잘 손질되어 쓰기 좋게 정리된 냄비와 주방 기구는 이곳을 사용하는 사람의 요리 실력을 가늠케 한다. 무늬 없는 청록색 타일을 배경으로 삼은 듯이 오렌지가 담긴 바구니가 보색 대비되듯 놓여 있어

주방에 생기를 더한다.

반쯤 썰어둔 호밀빵, 미처 설거지하지 못한 분홍색 에스프레소 잔, 때 묻은 오븐…… 주방은 날것의 먹고사는 사적인 모습을 보여준다. 각자 다른 주방의 모습은 집주인의 삶을 반영한다. 누군가의 주방을 본다는 것. 그 사람이 쌓아온 삶의 조각 중 큰 부분을 들여다보는 것일지도 모르겠다.

정원은 안쪽에 있다

포르투갈 가정집을 방문할 때마다 인상적이었던 것이 있다. 도로변에 접한 건물의 초인종을 누를 때까지만 해도 상상하지 못했던 정원이 존재한다는 것이다. 집으로 들어가 뒷문으로 나가면 모든 집마다 어김없이 좁고 길쭉한 '안쪽 정원'이 있다.

건물 후면에 정원을 두는 것은 건물의 전면에 정원을 두어 집과 도로변의 간격을 만드는 보통의 방식과는 반대다. 정원과 도로가 멀리 떨어져 있다. 이 방식이 처음에는 이상하게 느껴졌다. 집의 안쪽에 있으니 누군가에게 보여주기 위한 정원은 아니다. 외부인의 시선에서 자유로운 숨겨진 공간. 이 정원은 주방만큼이나 개인적인 영역이다. 복잡한 거리가 바로 앞에 있다는 것이 믿어지지 않을 만큼 조용하고 아늑하다. 자동차와 관광객이 만드는 도시의 소란에서 멀리 떨어져 잠시 다른 세계에 온 것 같다.

포르투갈의 가정집에서 만난 정원은 모두 자연스럽고 편안한 느낌을 주었다. 싱그러운 녹색을 천천히 즐길 수 있는 테이블과 편안한 의자, 키큰 나무들의 그림자 아래로 기분 좋게 누워 있는 고양이, 아직 다 자라지 않아 저 혼자 작아 눈에 띄는 레몬 나무 한 그루. 평화로운 풍경에 절로 미소가 지어진다. 언제든 조용한 휴식이 필요할 때는 뒷문으로 나가기만 하면 된다.

특별한 다이닝 테이블

어차피 먹어 치울 것인데 상차림을 아름답게 해야 할 필요가 있을까 싶을 때가 있다. 효율성만을 따진다면 물론 그럴 필요가 없다. 그럼에도 정성 들여 테이블을 꾸미는 것은 음식을 먹는 시간을 더 특별하게 만들기 위해서다.

식물원Jardim Botânico do Porto 온실의 넓은 돌덩어리가 오늘의 다이닝 테이블이다. 돌 위에 종이를 식탁보처럼 깔고, 메론으로 만든 스프, 키시, 오렌지와 딸기, 갖가지 허브들을 펼치고, 그 사이사이를 이곳을 오며 주운 식물들로 꾸몄다. 음식들 옆에 펜으로 드로잉을 하기도 했다. 다 같이 꾸민 다이닝 테이블은 손을 대기가 아까울 만큼 아름다웠다. 누군가는 음악을 틀었다. 기억에 오래 남을 것 같은 저녁 식사다.

Jardim Botânico do Porto

주소: Rua do Campo Alegre 1191, 4150-181 Porto, Portugal

전화번호: +351 22 040 8700

운영 시간: 09:00-19:00

도시를 수집하는 방법

도시를 걷는 것 역시 수업의 일부였다. 첫 주는 내가 듣기로 한 수업이 일러스트레이션이 아니라 음식을 주제로 한 도시 투어였나 싶을 정도로 포르투 이곳저곳을 돌아다녔다. 아주 먼 거리가 아닌 이상은 웬만하면 걸어서 갔다. 그 순간들은 우리가 도시를 '수집'하는 시간이었다.

길을 걸으며 관심 가는 모든 것을 아카이빙한다. 사진을 찍거나, 간단한 드로잉을 하거나, 떨어져 있는 것들을 줍거나, 식물을 채집하면서.
이것들로 무엇을 할지 생각하지 않고 마음에 드는 부분이
하나라도 있다면 일단 모으고 본다. 선입견 없이 도시의 조각들을 모았다.

RICA "AGUIA"
FÁBR
ebuçados
S.BRAZ
Rebu
S.B
S.BRAZ
O SANTO ADVOGADO DAS
DOENÇAS DA GARGANTA
MR
TOL E EUCALIPTO
MENTO

de combinações dess
caixas-armários como
As fotos menores a
de dormir já prepara
do "jovem guarda". Os
sugestão foram obtidos através da
ou de
colaboraçã
bela cortin
Le Rideau
de adôrno

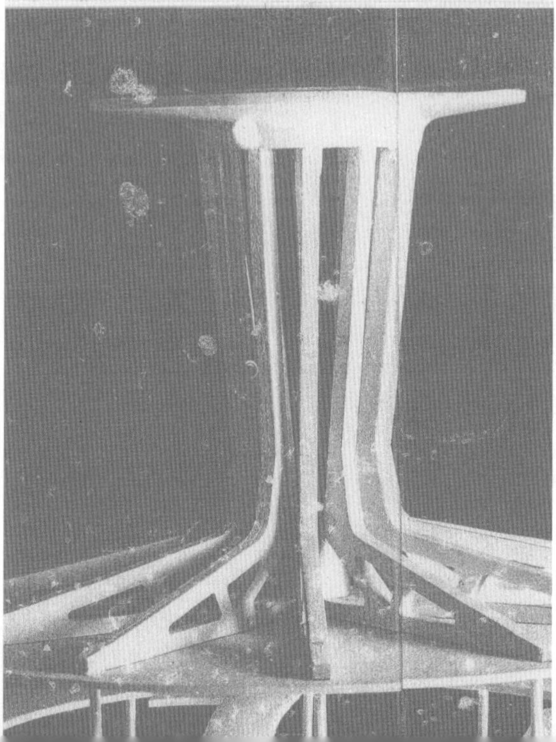

어제와 오늘의 이미지

수집하기와 더불어 2주 내내 계속했던 활동은 '복사하기'다. 복사기 옆에는 오래된 화집과 잡지, 브로슈어, 레시피 북, 사진집 들이 잔뜩 쌓여 있었다. 거의 작은 헌책방을 복사기 옆에 차린 것 같은 수준이었다. 우리가 모은 것들은 오늘의 포르투이기도 했지만 과거의 이미지들이기도 했다. 과거와 현재에서 영감을 얻는다. 이 자료들을 시간이 날 때마다 뒤적이며 열정적으로 복사하고 또 복사했다. 규칙은 복사한 것들로 무엇을 할지 정해놓지 않는 것.

200퍼센트로 확대 복사한 이미지를 또다시 200퍼센트 확대해본다. 어둡게 복사해보고, 밝게도 복사해본다. 종이함에 분홍 색지를 채워 넣고 복사를 한다. 복사한 이미지 위에 물감을 칠하기도 하고, 마음에 드는 부분만 잘라내어 합쳐서 복사해본다. 복사한 종이 위에 다시 복사를 한다. 계속되는 복사, 복사, 복사. 단순히 이미지를 그대로 복사하는 것이 아닌 복사기로 새로운 이미지를 만들어내는 실험이 계속되었다.

수업을 진행하는 동안 컴퓨터는 단 한 번도 쓰지 않았다. 아날로그적인 방식은 우리를 훨씬 자유롭고 창조적이게 했다.

문어 프로타주

프로타주를 하기 위해 포르투 외곽의 농장에서 모였다. 어린 시절 동전을 종이 아래에 두고 쓱쓱 베껴 그렸던 이후 다시 시도해볼 생각도 하지 않았던 기법이었다.

프로타주Frottage는 프랑스어 프로테frotter, 마찰라는 단어에서 유래한 미술 기법으로 초현실주의자인 막스 에른스트Max Ernst가 낡은 마룻바닥의 질감을 본뜨다가 고안했다. 대상의 질감을 그대로 옮기는 것에 그치지 않고 베껴낸 표면의 질감에서 연상되는 또 다른 우연적인 이미지를 탐구한다. 에른스트가 『박물지Histoire naturelle』에 담은 프로타주 연작, 장 뒤뷔페의 프로타주 작품, 브라이언 내시 길의 나이테를 이용한 흥미로운 작업, 주세페 페노네의 자연과의 접촉을 주제로 하는 작업…… 단순해 보이는 이 기법이 아티스트들에게 얼마나 많은 영감을 주었는지, 얼마나 다양하게 활용되었는지 새삼 느낀다.

이 농장에서 채집할 수 있는 모든 것이 프로타주의 대상이다. 농작물뿐만 아니라 의자의 나뭇결, 밧줄의 질감, 돌바닥의 무늬까지 흥미로운 표면을 가진 것이라면 무엇이든지 프로타주를 할 수 있다. 다양한 표면을 판화, 수성 흑연 등을 이용해 종이에 옮겨 담으며 프로타주가 도시를 수집하고 재해석하는 또 하나의 멋진 방법임을 새롭게 깨달았다.

두 번째 프로타주 시간에 선생님이 들고 온 것을 보고 모두가 깜짝 놀랄 수밖에 없었다. 문어와 정어리! 생선으로 프로타주를 하다니 상상해본 적도 없었다. 오징어 먹물로 만든 스퀴드 잉크로 찍어냈다. 잉크를 문어 위에 바르고 한지같이 얇은 종이를 댄 후 문질러 찍는다. 마치 살아 있는 듯이 축축하고 흐물거리는 문어 위에 잉크를 칠하고 찍어내는 느낌이 기묘하고 강렬했다. 문어는 흐물흐물 움직이며 흥미롭고 변화무쌍한 패턴들을 계속 만들어낸다. 정어리가 만들어내는 프로타주 패턴도 흥미롭긴 했지만 문어 프로타주에 비하면 단순해서인지 모두가 문어에 달라붙어 있었다.

선생님은 잉크 대신 오징어 먹물을 사용했으니 문어를 이대로 씻어서 요리에 써도 괜찮다고 했다. 프로타주를 당하고(?) 오늘 밤 냄비로 들어갈 운명인 문어가 어쩐지 불쌍하기도 했지만 변화무쌍한 패턴을 만들어내는 문어 프로타주는 온종일 하고 싶을 만큼 중독성이 있었다.

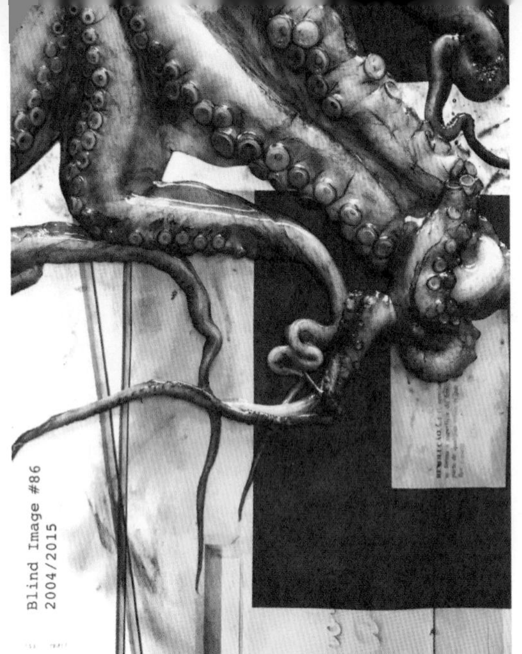
Blind Image #86
2004/2015

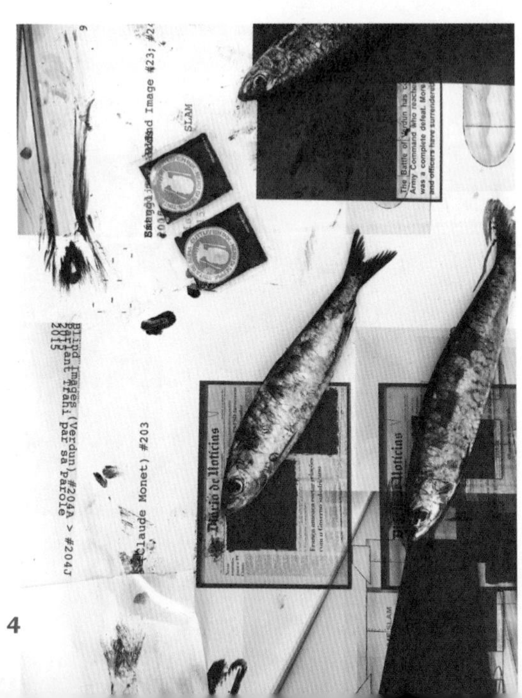
Blind Image #23; #24
SLAM
The Battle of Verdun has c
Army Command who reache
was a complete defeat. More
and officers have surrendered
Diario de Noticias
Blind Images (Verdun) #204A > #204J
2015
(Claude Monet) #203

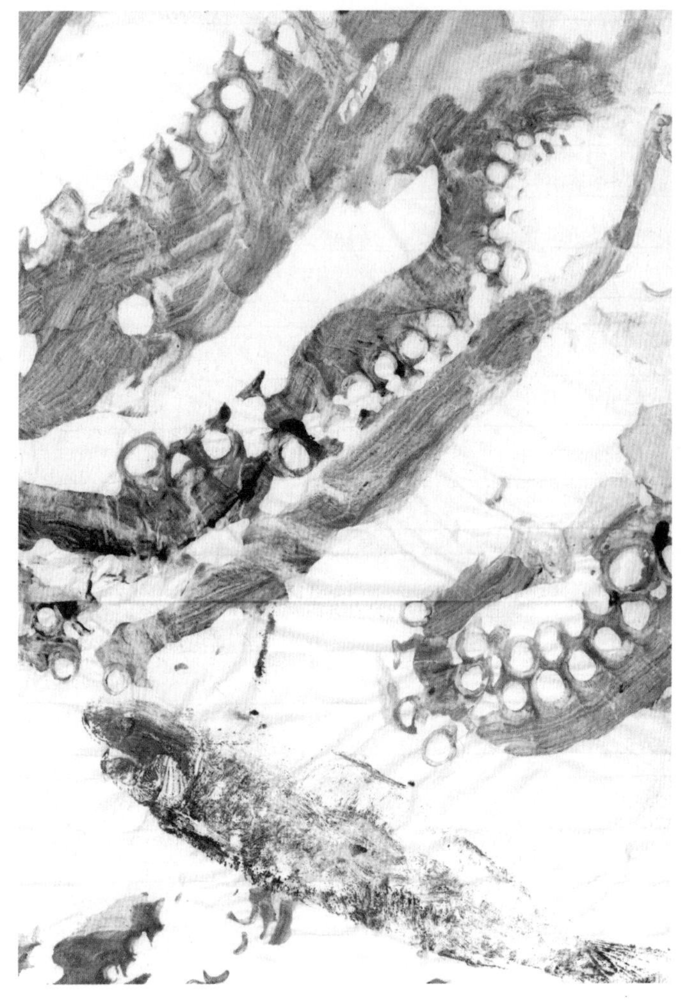

4개국 다이닝

오늘 저녁 식사는 제비뽑기로 요리사를 뽑아 각자 자신 있는 자국의 요리를 하기로 했다. 이름을 적어 넣은 상자에서 내 이름이 불리지 않았을 때 나는 안도의 한숨을 내쉬었다. (만약 내가 뽑혔다면 하려던 요리는 떡볶이였다.) 네 명의 친구들이 요리하는 동안 나머지 사람들은 레시피를 받아 적거나 요리하는 모습을 드로잉했다.

4개국의 요리가 한 상 차려졌다.
Welcome to Bulgarian, Colombian, Portuguese, Italian dinner!

어제 프로타주를 진행했던 유기농 농장에서 따온 채소들을 넣어 만든 포르투갈식 샐러드와 페이스트리 사이에, 치즈, 달걀, 주키니를 켜켜이 쌓아 오븐에 구운 불가리아의 전통 빵 바니짜Banitsa, 간 소고기에 강낭콩과 칠리파우더를 넣고 끓인 콜롬비아식 칠리 콘 카르네Chilli con carne를 맛본다. 가장 맛있었던 것은 이탈리아에서 온 친구가 만든 호박꽃에 모차렐라 치즈를 넣고 튀겨낸 피오레 디 주카Fiore di zucca라는 요리였다.

각국의 음식을 주제로 한 이야기가 자연스럽게 테이블에서 오갔다.

서로 자기 나라에 오게 된다면 꼭 먹어야 하는 음식을 이야기했다. 음식 이야기는 역시 만국 공통의 주제다.

늦은 밤이지만 에스프레소는 필수다. 모두 에스프레소를 비우고 나자 포르투갈 친구가 아과르디엔테Aguardente 한 잔을 권한다. 나의 반응을 기대하며 싱글벙글한 것이 아주 매운 요리를 외국인에게 먹이는 딱 그 표정이다. 40도가 넘는 끔찍하게 독한 술을 인상을 있는 대로 구기며 입에 털어 넣고 모두에게 박수를 받았다.

햇빛 사진

시아노타입Cyanotype은 종이에 감광액을 칠한 후 투명한 필름이나 사물을 올려놓고 햇빛에 현상하는 19세기에 발명된 아날로그 사진 인화 기법이다. 결과물이 푸른 색조를 띠기에 청사진Blueprint이라고도 불린다.

머리 위로 내리쬐는 햇볕이 뜨겁다. 선생님이 오늘은 시아노타입을 하기 좋은 날씨라고 했다. '오늘은'이 아니라 '오늘도'가 맞는 말일 것 같다. 포르투의 여름은 언제나 시아노타입을 하기 좋은 날씨였다.

오전에 직접 만든 감광지 위에 아침에 길에서 주운 나뭇가지를 올리고 투명 필름에 드로잉을 해서 햇빛 아래에 놓아둔다. 흥미롭고 예상치 못한 푸른 이미지들이 계속해서 만들어졌다. 얼마나 오래 노출하는지, 그림자를 어떻게 쓰는지, 후처리를 어떻게 하는지에 따라 완성된 이미지가 달라졌다.

햇빛과의 화학작용으로 파랗게 변한 이미지는 어쩐지 아련한 꿈속에 있는 듯한 느낌을 준다. 무중력의 공간, 시간이 가지 않는 어딘가에서 온 푸른 이미지. 그 매력에 푹 빠져 오후에 줄곧 시아노타입 프린트를 만들었다.

뜨겁게 내리쬐던 햇빛이 부드러워지기 시작했다. 오늘이 끝나가는 것이 너무 아쉽다. 3박 4일 내내 하라고 해도 할 수 있을 것 같은데 말이다!

아날로그식 프린트

하루에 수십 장씩 복사를 하다보니 어느새 복사기 마스터가 된 기분이다. 복사기는 우리의 아날로그식 포토샵이었다. 그리고 오늘부터는 리소그래프Risograph 인쇄기를 사용할 수 있다. 매일 로비에 놓인 리소그래프 인쇄기 앞을 지나갈 때마다 기계를 빨리 써보고 싶어서 수업 일정을 거듭 확인하며 오늘만을 기다렸다!

리소그래프는 일본의 리소과학공업주식회사에서 개발한 공판 인쇄기의 이름이다. 리소는 스텐실의 원리를 이용하는 인쇄 방식으로, 마스터 용지에 미세한 구멍을 뚫은 후 그 사이로 잉크를 통과시켜 결과물을 만들어낸다. CMYK(파랑Cyan, 자주Magenta, 노랑Yellow, 검정Key=Black) 네 가지 잉크를 조합해 다양한 색을 만드는 일반적인 인쇄 방식과는 달리 리소는 한 번에 하나의 색상만 인쇄할 수 있기에 핀pin을 완벽히 맞추기가 어렵다. 과거에 관공서나 학교, 교회에서 저렴한 비용으로 유인물을 만들 때 사용했던 리소그래프는 아날로그적이고 새로운 느낌을 추구하는 디자이너들이 즐겨 쓰면서 다시 주목받고 있다.

선생님은 리소 기계를 부디 조심히 다뤄달라고 당부했다. 일본에서 포르투갈까지 건너온 이 기계는 다른 디자인 스튜디오에서 빌려온 것이라서 만약 고장 나기라도 한다면 큰 재앙이 벌어질 것이라고.

우리는 검정, 빨강, 파랑 세 가지 잉크를 사용했다. 그동안 수집한 과자 봉지, 사탕 껍질, 초콜릿에 붙어 있던 스티커 등을 세 가지 색상으로 세 번에 걸쳐 인쇄했다. 콩기름으로 만들어진 별색의 리소그래프 잉크로 찍어낸 프린트들은 포르투갈의 날씨처럼 밝고 선명했다. 잉크가 겹쳐 찍히면서 만들어지는 새로운 색감이 흥미로웠고, 독특한 질감과 조금씩 맞지 않는 핀이 빈티지하고 아날로그적인 느낌을 주었다.

크기 제한, 특유의 얼룩, 맞추기 어려운 핀, 균일하지 않은 결과물, 뒷묻음 현상, 여러 가지 색을 만들어내려면 잉크를 갈아 끼우는 것을 반복해야 하는 번거로운 과정 등 여러 가지 단점에도 불구하고 그 모든 것을 감수할 수 있을 만큼 리소 프린트는 매력적이다. 세련되고 완벽한 것보다 가끔은 어긋나고 불완전한 것들이 더 강렬하게 다가오곤 한다.

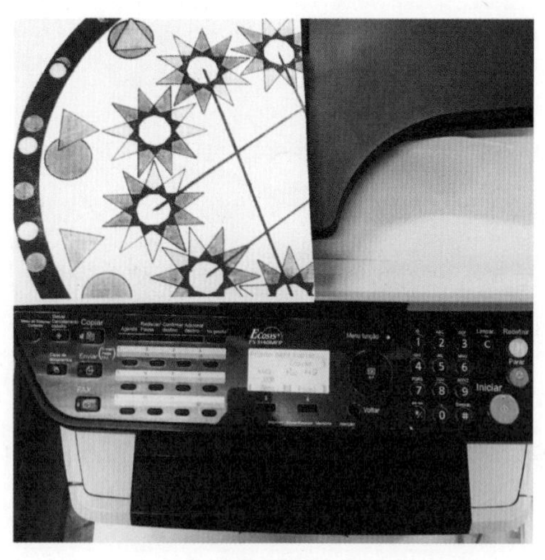
Copiar
Enviar
FAX
Menu função
Redefinir
Parar
Iniciar
Voltar

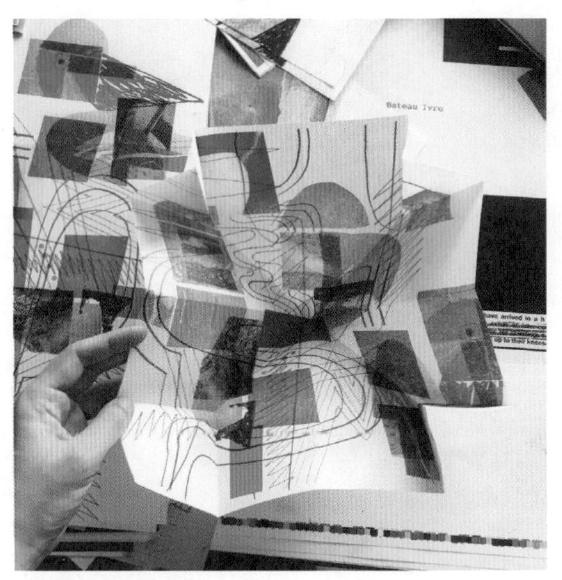
Bateau Ivre

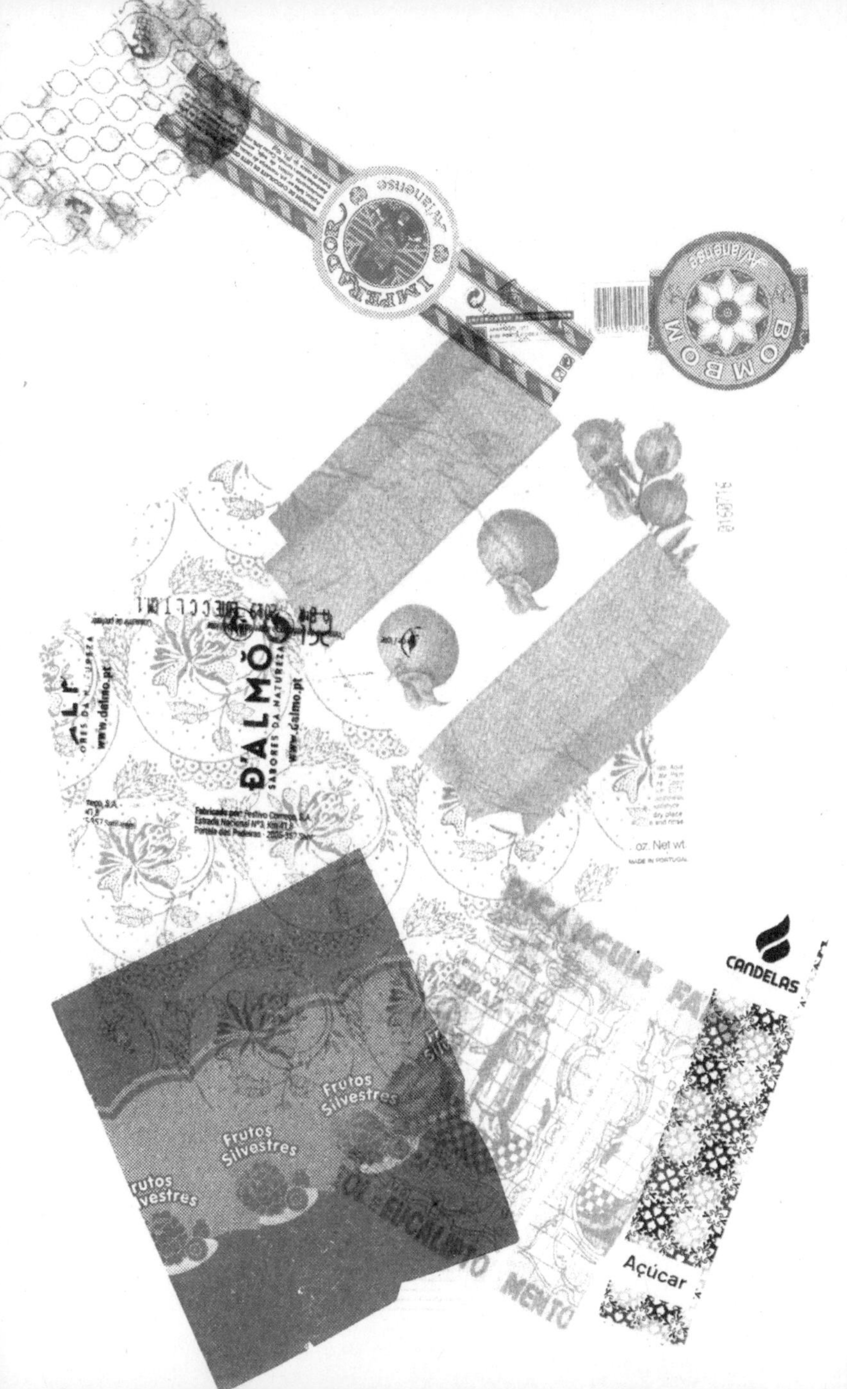

IMPERADOR
BOMBOM
D'ALMÕ
SABORES DA NATUREZA
www.dalmo.pt
Frutos Silvestres
Frutos Silvestres
Frutos Silvestres
oz. Net wt.
MADE IN PORTUGAL
CANDELAS
Açúcar

채소로 찍어낸 패턴

스튜디오 앞 식료품 가게에서 사 온 당근, 양파, 피망, 감자, 양배추, 브로콜리는 볶음밥이 되는 대신에 우리의 붓이 되었다. 당근이 가진 물기는 자연스러운 그러데이션을 만들었고, 속이 빈 피망은 힘을 어떻게 주느냐에 따라 다른 모양으로 찍혔고, 브로콜리는 나무의 이미지를 만들어냈다.

어떻게 찍히는지 감이 잡히자 패턴을 찍어나가는 손놀림에 거침이 없다. 규칙적이면서 즉흥적으로 패턴을 만들어나간다.

창의적으로 엮어내는 방법

수업이 막바지에 이르렀다. 자유 주제로 자신만의 작은 책을 만들기 전에 마지막으로 배우는 제본 수업. 복잡하고 전통적인 방식 대신 아주 간단한 3공 제본을 배웠다. 그리고 나머지 시간에는 책이 가질 수 있는 다양한 형태와 이미지들의 유기적이고 시간적인 연결, 그리고 종이접기를 배웠다.

가장 경계해야 할 것은 그저 네모난, 어디서든 볼 수 있는 책을 만드는 것이다. 아예 책의 형태가 아니어도 좋다. 지금까지 지켜온 '음식'이라는 주제에서 벗어나도 괜찮았다. 아니 음식이라는 주제가 뻗어 나갈 수 있는 광범위함을 우리는 이미 알고 있다. 고정관념에서 벗어날 것.

모아온 것들을 엮는다. 수집한 것, 복사한 것, 리소그래프 인쇄물, 찍어둔 사진, 프로타주, 글쓰기 시간에 쓴 조각 글…… 맥락 없어 보이는 광범위한 재료들에 막막해했던 것도 잠시, 모두 불이 붙기 시작했다. 복사기의 순서를 차지하는 것부터 치열해진다.

오후 동안 나는 책 두 권을 만들었다. 첫 번째 책은 유기적인 구조를 가진 것들을 모았다. 꽃과 식물들, 벽지 샘플, 동그란 궤적들, 동 루이스 1세 다리가 가진 곡선. 보이는 어떤 규칙을 보는 사람이 자연스럽게 찾을 수 있는 이미지들을 골라냈다. 논리적이지는 않지만 이 책의 주제처럼 유기적이고 자연스럽게 보이는 배치와 순서를 고민하여 엮었다. 표지는 동그랗게 뚫어 마무리했다.

두 번째 책은 달콤한 것들을 포장하고 있던 것들을 주제로 했다. 그동안 수집한 사탕 껍질과 종이접기 시간에 배운 것을 활용했다. 사탕 껍질에 들어가는 이미지는 사탕의 맛을 표현하기도 하지만, 어린 시절 즐겨 먹었던 축구공과 야구공 모양의 초콜릿처럼 전혀 관계없는 이미지가 프린트되어 있기도 하다. 사탕을 싸기 전의 네모난 모양, 사탕을 감싸고 있을 때의 동그란 모양, 먹고 버려졌을 때의 구겨진 모양. 사탕을 싸는 얇은 종이가 가질 수 있는 다양한 모습을 담은 책. 어제 리소그래프 수업 시간에 프린트한 인쇄물을 접어서 이 책의 표지를 만들었다.

오랜만에 느껴보는 몰입의 즐거움이었다. 서너 시간 만에 만들어낸 것이라고는 믿을 수 없을 만큼 모두가 멋진 결과물을 만들었다.

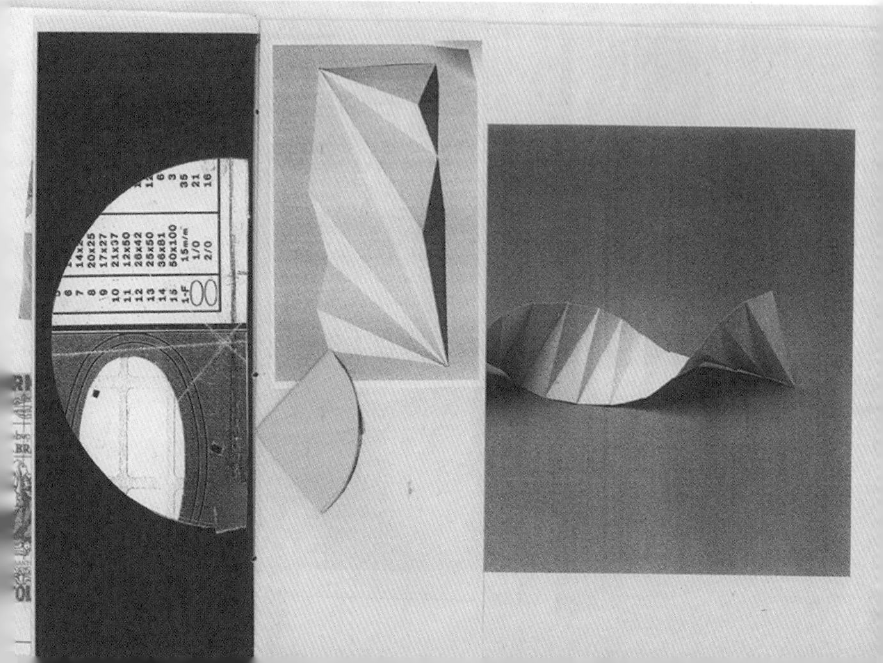

1. Who taught you to cook?
2.

파이널 프레젠테이션

2주간의 수업 동안 만든 것을 바닥에 펼친다. 도시를 걷고, 음식을 맛보고, 끝없이 무언가를 수집했던 첫 주, 다양한 기법들을 배우고 그동안 보고 느낀 것들을 활용했던 둘째 주. 2주간 내가 경험하고 느낀 것, 만들어낸 것들이 한눈에 들어온다. 짧다면 짧고, 길다면 긴 이 시간이 얼마나 나에게 밀도 높은, 창조적인 시간이었는지를 새삼 느낀다.

일러스트레이션Illustration : 제3자에게 의미를 전달하거나 내용 암시에 사용되기 위해 제작된 그림이며 디자인 작업으로 분류된다.

이 수업을 듣기 전에 내가 예상했던 것은 음식을 주제로 한 드로잉 수업이었다. 얼마나 편협한 고정관념에 갇혀 있었던 걸까. 넓은 의미의 일러스트레이션을 경험했다. 단순히 무언가를 묘사하거나 글을 부연 설명하기 위한 한 장의 그림이 아닌 더 넓고 다양한 이야기를 담은 이미지를 만들고 엮어내는 법을 배웠다. 내가 이미 가지고 있던 이미지들을 발견하고, 외부의 이미지들을 내 것으로 만드는 방법도 배웠다.

기대했던 것보다 백 배는 더 좋았던 2주가 흘렀다. 아마도 나는 이 수업이 별 볼 일 없는 수업이었다고 해도 포르투갈에 오는 계기가 되어주었다는 이유만으로도 만족했을 것이다. 수업 덕분에 포르투라는 도시를 더 자세히 볼 수 있었다. 일러스트레이션 수업과 포르투는 서로 시너지를 불러일으켰다.

그간 만들었던 것들을 가방에 넣으며 우리의 스튜디오였던 '이미지의 집'과 친구들, 선생님에게 인사를 건넨다. "고마웠어. 그럼 안녕!"

작은 집

에어비앤비에서 너무 가보고 싶은 집을 찾았다. 정원이 있는 작은 1층짜리 주택은 조용하고 아늑해 보였다. 사진을 보자마자 반했고, 꼭 이곳에 가고 싶었다. 그런데 사람 마음이 다 비슷한지 대부분의 날들은 몇 달 전부터 이미 예약되어 있었다. 포르투에 있는 기간 동안 비어 있는 날은 딱 3일뿐. 그래서 3일만 그곳에 묵기로 한다.

숙소가 위치한 곳은 포르투의 아트 디스트릭트Art district, 예술지구에 속한 로자리오Rossario 거리로, 편집 숍, 빈티지 숍, 갤러리, 아티스트의 작업실 등이 줄지어 있는 트렌디한 거리다. 캐리어를 끌고 주인이 알려준 주소 앞에 왔을 때 머릿속은 물음표로 가득했다. 주인이 알려준 주소는 빈티지 가게였고 정원이나 1층짜리 숙소는 보이지 않았기 때문이다. 빈티지 가게에서 나온 주인이 잘 찾아왔다며 나를 맞아준다. 가게와 연결된 주인의 집을 통과하자 사진에서 봤던 바로 그 집과 정원이 보였다. 열쇠를 여러 개 받았다. 빈티지 가게 열쇠, 집주인 집 열쇠, 내 방 열쇠. 통과해야 하는 문의 개수가 늘어갈수록 북적이는 거리와 멀어져 집은 더욱 아늑했다.

감동적일 만큼 아름다운 인테리어와 체크인 전에 꽃을 꽂아둔 화병,

쏟아지는 자연광, 포르투갈 특집 기사가 실렸던 잡지 『모노클Monocle』, 당장 요리하고 싶은 주방과 패턴이 예쁜 그릇들, 작은 노트에는 이 지역에서 추천할 만한 가게와 음식점의 명함이 붙어 있다. 인터넷에서는 찾기 힘든 현지인들만 알 법한 그런 곳들이다. 구석구석 담겨 있는 주인의 센스와 취향에 감탄한다.

문을 열어두고 있으니 고양이가 들어왔다. 주인과 함께 사는 고양이는 아닌 것 같은데 자기 집인 양 러그에 눕는 폼이 한두 번 들어온 폼이 아니다. 내가 가까이 다가가자 애교를 부린다. 내일은 이 친구한테 줄 만한 뭔가를 사와야겠다.

정원에 놓인 의자는 끝내주게 편안했다. 의자에 앉아 맥주를 마시며 밤하늘을 봤다. 빈티지 숍에는 유독 오래된 팝송과 재즈 LP가 많았는데 방으로 가져가서 음반을 들어도 좋다고 했다. 문 닫은 어두운 빈티지 숍으로 가서 플래시를 켜고 LP를 골랐다. 일부러 처음 들어보는 아티스트의 LP를 골라 턴테이블에 올린다.

'여행은 살아보는 거야'라는 에어비앤비의 캐치프레이즈처럼 짧은 시간이지만 이곳에서 사는 것처럼 지내보기로 한다.

세도페이타 지구Cedofeita district

Carlos Alberto square에서 시작되어 로자리오 거리, 미구엘 봄바르다(Miguel Bombarda) 거리를 포함하는 세도페이타 지역은 포르투의 예술지구로 불린다.

일러스트레이션 갤러리 Ó! Galería

리스본과 포르투에 방문한 일러스트레이션에 관심 있는 사람이라면 꼭 가봐야 하는 곳이 있다. 일러스트레이션 갤러리 오 갤러리아Ó! Galería다.

일러스트레이터의 전시가 끊임없이 열리는 이 갤러리에서는 포스터와 액자, 엽서, 티셔츠, 독립출판물을 판매하고 있다. 리스본의 알파마 지역에 있던 갤러리보다 작지만 화사하고 편안한 분위기다.

낮은 테이블에 놓인 A2 사이즈의 파일에는 일러스트레이터 작가들의 원본 작업물이 들어 있다. 마음에 드는 작품이 있다면 바로 구매도 가능하다. 푹신한 소파에 앉아 그들의 포트폴리오를 넘기며 본다. 마음에 든 아티스트들의 이름을 기록해둔다.

고민 끝에 고른 얇은 매거진과 새로운 자극을 안고 가게를 나온다. 오늘 저녁에 숙소에 돌아가서 그리고 싶은 것들이 떠올랐다.

Ó! Galería

주소: Rua de Miguel Bombarda 61, 4050-381 Porto, Portugal

전화번호: +351 93 055 8047

운영 시간: 12:00-20:00 (일 휴무)

홈페이지: ogaleria.myshopify.com

SKINKEAPE
SKINKEAPE
MARIANNE ENGEDAL

우표에 담긴 세계

우연히 발견한 보물 같은 가게가 있다. 다양한 나라에서 온 우표와 우체국 소인이 찍힌 오래된 편지봉투와 엽서, 우표 등을 판매하는 컬렉투스Collectus - Loja de Colecções.

내가 열심히 우표와 봉투를 고르는 동안 직원은 나비 우표 수백 장을 테이블 위에 펼쳐놓고 같은 종류의 나비를 모으고 있다. 아름다운 나비 몇 마리를 조심스레 바구니에 담았다.

나라별로 정리된 우표책을 요청하면 볼 수 있는데, 포르투갈의 우표책에서 반가운 장면을 발견했다. 리스본에 있을 때 다녀온 호카곶의 등대와 대서양이 그려진 가로로 길쭉한 모양의 우표였다. 나중에 알게 되었지만 호카곶의 등대라고 생각했던 그 등대는 실은 대서양 한가운데 위치한 테르세이라Terceira섬의 등대였다. 인구 5만 명의 포르투갈령 테르세이라섬은 가까운 육지까지 1500킬로미터나 떨어져 있다. 거대한 바다에 외롭게 떠 있는 아주 작은 섬의 우표를 보며 그곳에 사는 사람들의 삶을 상상해본다.

Collectus – Loja de Colecções

주소: Tv. de Cedofeita 8D, 4050-183 Porto, Portugal

전화번호: +351 22 332 3243

운영 시간: 10:00-12:30, 14:00-18:30 (토 10:00-13:00, 일 휴무)

PORTUGAL/Açores 47.
FAROL DAS CONTENDAS ILHA TERCEIRA

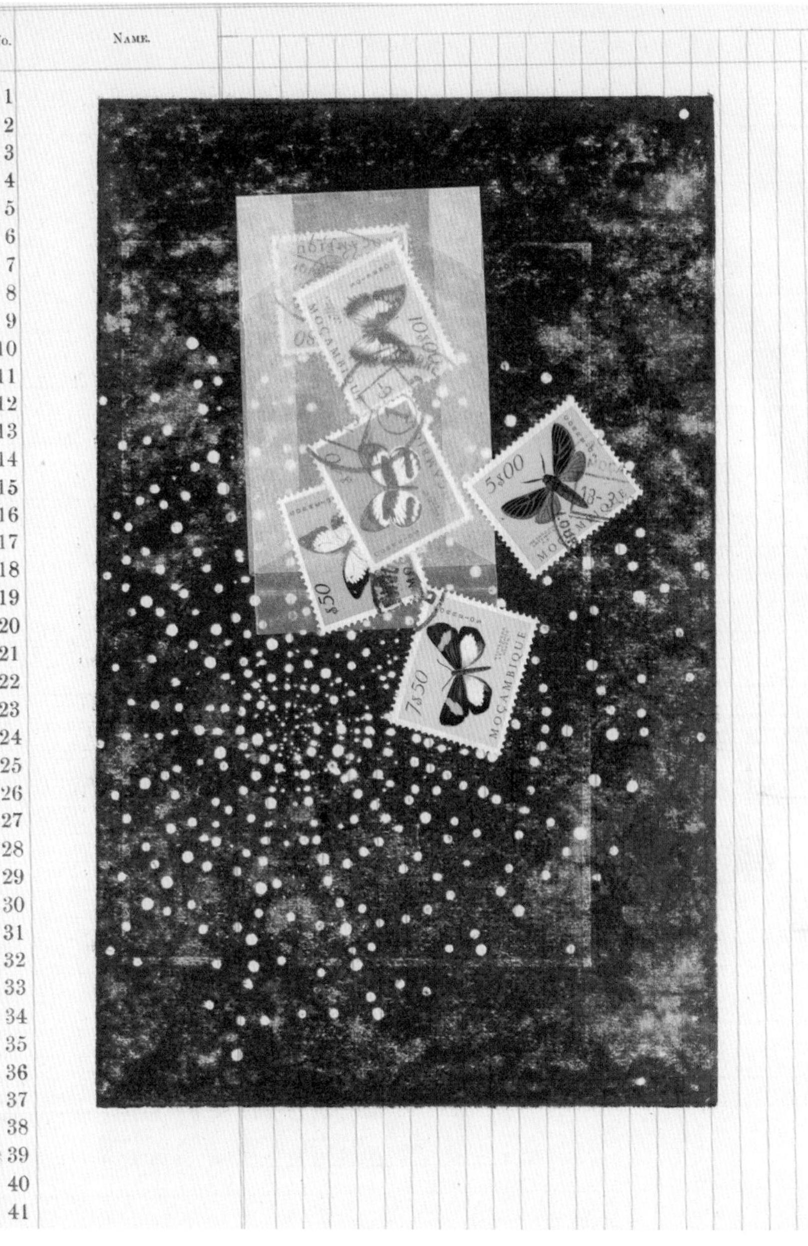
No.
NAME.
MOÇAMBIQUE
10$00
5$00
$50
7$50
MOÇAMBIQUE
MOÇAMBIQUE

평범한 물건이 품은 매력

숙소로 돌아오는 길에 갑자기 새로 눈에 들어온 가게가 있었다. 약간 어두컴컴해 보이는 가게였는데 유리문에 적힌 '라이프스타일'과 '빈티지'라는 단어가 눈에 띄어 그곳으로 향했다. 막상 들어가니 이곳을 놓쳤으면 너무 아까웠겠다 싶을 정도다.

패치PATCH는 빈티지 제품과 일상용품을 판매하는 곳이다. 진열된 물건은 어쩐지 디앤디파트먼트D&department를 떠올리게 했다. 과거의 물건이지만 현재의 일상에도 잘 어울리는, 지극히 평범한 물건이나 단순한 아름다움이 있는 일상용품. 과하지 않아서 어디에나 어울리고 오래 보아도 질리지 않을 것 같은 물건.

단정함과 투박함을 동시에 지닌 법랑 컵과 몇 십 년은 족히 묵었을 듯 보이는 빈 악보 노트, 네 조각으로 합치거나 나눌 수 있는 플라스틱 접시, 녹색 테두리가 그려진 작은 종이 뭉치를 샀다. 마음에 드는 물건이 생각보다 저렴할 확률이 높다는 것은 포르투갈이 지닌 매력 중 하나다.

예쁜 물건이 많아 주인의 안목에 감탄하면서도 물건만 만지작거리다 나오게 되는 가게가 있고, 고르고 골라서 물건을 한 아름 사서 나오고도 사지 못한 물건이 계속 눈에 아른거리는 가게가 있는데 이 가게는 후자다. 노트가 들어갈 만한 크기의 진녹색 크로스백이 15유로밖에 하지 않았는데 왜 사지 않았을까 하는 미련을 아직도 버리지 못하고 있다. 여기서 사 온 물건들을 매일 잘 쓰고 있어서 더더욱 아쉬움이 진하게 남는다.

PATCH Lifestyle Concept Store

주소: Rua do Rosário 193, 4050-124 Porto, Portugal
전화번호: +351 93 342 8337
운영 시간: 11:00-19:30 (일 휴무)

CONCEPT STORE
PATCH
PORTO
LIFESTYLE
Rua do Rosário, 193

오늘의 메뉴

정수리에 내리쬐는 태양만큼 정오가 되었음을 알려주는 것은 허기다. 점심으로 무엇을 먹을까 하는 고민은 때때로 지겹다. 하지만 여행지에서라면, 특히 포르투갈에서라면 행복한 고민으로 바뀐다.

포르투갈에서 가장 현명한 선택은 역시 '오늘의 메뉴'를 고르는 것이다. 레스토랑 앞에는 저마다 오늘의 메뉴를 소개하는 입간판이 세워져 있다. 애피타이저, 메인, 디저트, 커피 그리고 가끔 와인까지 포함된 코스 정식을 점심시간에는 10유로에서 15유로 정도면 먹을 수 있다. 유럽의 물가라고는 생각하기 힘든 가격이다. 메뉴판에 적힌 포르투갈어를 들여다보며 무엇을 선택해야 할지 끙끙댈 필요도 없다.

지나다니며 봐두었던 라 리코타La Ricotta에 점심을 먹으러 왔다. 차분하면서 고급스러운 분위기가 마음에 들었다. 서버가 식전 빵과 올리브유를 먼저 내어준다. 당연하게도 포르투갈에서 만든 올리브유다. 모차렐라 치즈 위에 토마토와 무화과를 얹은 애피타이저, 감칠맛 나는 분홍색 대구 리소토는 화이트와인과 잘 어울렸다. 에스프레소와 함께 디저트로 포트와인을 주문했다. 달콤하고 균형 잡힌 맛의 그라함Graham's Port 루비 포트와인으로 식사를 마무리한다. 이 모든 게 15유로! 오늘 점심도 성공적이다.

♣

La Ricotta

주소: R. de Passos Manuel 18, 4000–381 Porto, Portugal

전화번호: +351 22 202 3300

운영 시간: 12:30–15:30, 19:00–24:00

SERRALVES

현대미술관에서 보내는 일요일

월요일부터 토요일까지는 수업을 듣느라 가지 못했던 곳들에 가려고 하니 하나같이 일요일에는 문을 닫는단다. 다행히도 세랄베스 현대미술관Serralves Museum of Contemporary Art은 일요일에도 활짝 열려 있다. 미술관으로 가는 버스를 탔다. 정류장에서 내려서 조금 걸어야 하지만 이곳에서 내린 사람 대부분이 미술관을 향해 걸어가니 그들을 따라가면 된다.

세랄베스 현대미술관은 건축계의 노벨상이라고 불리는 프리츠커 상의 수상자인 알바루 시자Alvaro Siza의 작품이다. 알바루 시자는 1930년대에 지어진 비젤라 백작의 저택과 거대한 정원이 있던 부지에 새로운 현대미술관을 짓는 프로젝트를 맡게 된다. 원래의 땅이 가진 생김새와 맥락을 중요시했던 그는 기존의 정원과 저택의 질서를 거스르지 않고, 대중이 접근하기 쉬운 위치에 있으면서, 잘라야 할 큰 나무가 없었던 정원 한쪽에 미술관을 지었다.

미술관의 새하얀 외관이 단정하다. 건물은 미니멀하지만 차가워 보이지 않는다. 인위적이고 커다란 목소리를 내기보다는 소박하고 수줍게 방문객을 맞는다. 새하얀 외관을 둘러싸고 있는 것은 자연이다.

미술관의 창은 마치 자연이라는 예술품을 넣어놓은 액자처럼 보인다. 정원 녹색은 빛과 함께 부드럽게 안쪽으로 흘러들어 온다. 대부분의 위대한 건축가들이 그렇듯 시자도 자연광을 자유자재로 쓴다. 전시의 동선을 따라 걸으면 자연광의 섬세한 변화가 주는 드라마틱함을 느낄 수 있다. 크고 작은 창문을 통해 들어오는 빛들은 순백색의 건물 내부에 온화하게 흩어진다.

건축만 좋았느냐고 하면 전시는 더 좋았다. 운이 좋게도 줄리 메레투Julie Mehretu의 개인전이 열리고 있었다. 학창 시절에 내가 무척 좋아했던 작가다. 과감한 스케일과 층층이 쌓인 건축적인 선에서 폭발하는 듯한 에너지에 한참을 그림 앞에 서 있게 된다. 초기작부터 최근의 작품, 드로잉까지 직접 볼 수 있다니 정말 운이 좋았다.

이제 정원으로 나가본다. 정원은 생각보다 넓어서 정원보다는 숲에 가깝다. 정원으로 나가기 전에 미술관 카페에서 카페인과 당을 보충하고 나와서 다행이었다. 여기저기에 조각 작품들이 흩어져 있다. 양혜규 작가의 조각 작품도 있었다. 분홍색의 저택까지 둘러보고 다시 미술관 쪽을 돌아보았다. 나무 사이로 보이는 미술관이 시적인 조각처럼 느껴졌다.

내가 미술관에서 절대 빼놓지 않고 둘러보는 곳은 미술관에서 운영하는 아트 숍과 서점이다. 미술관의 서점에는 그곳에서만 살 수 있는 책들이 있다. 현재 전시 중인 작품과 작가를 다룬 다양한 책들과 도록, 알바루 시자의 작품집과 스케치, 철학을 소개한 책들이 잘 보이는 곳에 진열되어 있다. 책장 구석구석 아티스트들의 독립출판물과 흥미로운 책들로 가득하다. 렐루 서점에서 크고 무거운 책을 사지 않으려 고민했던 시간이 무색하게 세랄베스 미술관에서 2016년 열린 울프강 틸만스 전시Wolfgang Tillmans : On the verge of visibility 도록과 에른스트 카라멜레Ernst Caramelle의 작품집, 그리고 미술관의 에코백을 구입했다.

건축, 정원, 전시의 퀄리티부터 서점의 책들까지 거의 완벽한 미술관처럼 느껴졌다. 이 작은 도시에 이렇게 멋진 현대미술관이라니…… 포르투의 시민들이 다시금 부러워졌다.

● **알바루 시자의 건축 작품은 포르투갈 곳곳에서 만날 수 있다.**

Serralves Museum of Contemporary Art

주소: R. Dom João de Castro 210, 4150-417 Porto, Portugal

전화번호: +351 22 615 6500

운영 시간: 10:00-19:00

홈페이지: www.serralves.pt

포르투 건축대학 Porto School of Architecture

주소: Via Panorâmica Edgar Cardoso 215, 4150-564 Porto, Portugal

알바루 시자의 모교이자 그가 리모델링한 포르투 건축대학 건물은 도루 강을 내려다보는 위치의 삼각형 부지에 작은 공동체 마을처럼 설계되었다. 경사로를 이용해 실용적이면서 드라마틱한 공간들을 만들어낸다.

레사 수영장 Tidal pools of Leça de Palmeira

주소: Av. Liberdade, 4450-716 Leça da Palmeira, Portugal

전화번호: +351 22 995 2610

운영 시간: 09:00-19:00

마토지뉴스 바다의 지형을 이용한 레사 수영장은 환경과 건축의 조화를 중시하는 알바루 시자의 철학을 느낄 수 있는 대표작 중 하나다.

Estádio do Dragão
Campanhã
Heroísmo
Marquês
Combatentes
Salgueiros
Pólo Universitário
IPO
Hospital de São João
General Torres
Câmara Gaia
João de Deus
D. João II
Vasco da Gama
Estádio do Mar
Pedro Hispano
Câmara Matosinhos
Senhora da Hora
Sete Bicas
Fonte do Cuco
Cândido dos Reis
Pias
Araújo
Parque Maia
Fórum da Maia
Zona Industrial
Mandim
Castêlo da Maia
ISMAI
Pedras Rubras
Lidador
Vilar do Pinheiro
Modivas Sul
Modivas Centro
Mindelo
Espaço Natureza
Varziela
Árvore
Azurara
Santa Clara
Vila do Conde
Alto de Pega
Portas Fronhas
São Brás
Póvoa de Varzim
Botica
Aeroporto
Brito Capelo
Mercado
Senhor de Matosinhos

바다의 감촉, 마토지뉴스

마토지뉴스Matosinhos는 포르투 시내에서 메트로를 타고 30분이면 갈 수 있는 아주 가까운 바다다. 자리에 앉아서 노래를 몇 곡 듣고 나니 벌써 도착했다. 포르투가 항구도시라는 것을 머리로는 알고 있었지만 이렇게 순식간에 바다에 이르다니.

마토지뉴스로 진입하는 원형 교차로에는 커다란 그물의 형상을 한 거대한 조각 'She Change'가 있다. 재닛 에일만Janet Echelman의 작품이다. 청동과 같은 단단한 재료 대신, 섬세하고 부드러운 재료인 레이스 그물로 만들어진 조각은 하늘을 배경으로 유유히 흔들리며 끊임없이 변화한다. 바다에 온 것을 환영한다는 우아한 몸짓의 인사.

'R. Heróis de França'는 생선구이 골목으로 유명한 거리다. 생선을 굽는 연탄 연기로 가득 찬 거리를 구경한다. 정어리, 바칼라우, 새우가 노릇하게 구워지는 냄새가 엄청나게 유혹적이었지만 미리 알아온 문어 요리를 파는 가게로 들어갔다. 올리노스 두 뽈보 레스토랑Restaurante Olhinhos do Polvo의 노란 벽에 걸린 문어 그림이 매우 깜찍하다. 12.5유로에 애피타이저, 메인 요리, 디저트, 와인 한 병, 커피까지 먹을 수 있는 파격적인 곳이다. 음식 맛은 세련되지 않았지만 가게 분위기와 어울려

친근했고 2퍼센트의 부족함은 와인이 채워줬다. 그리고 포르투갈의 식사에서 언제나 빠질 수 없는 에스프레소 한 잔. 약간 알딸딸해진 채로 바다로 걸어갔다.

해 질 녘의 마토지뉴스는 아주 얕고 넓은 바다다. 천천히 물이 빠져나가면서 신비로운 무늬를 남겨 놓았다. 얇게 깔린 바다는 마치 거울처럼 그 위를 걸어가는 것들을 뒤집어서 비춰낸다. 뒤집어진 사람들, 뒤집어진 갈매기들과 뒤집어진 노을.

하얀 띠를 둥글게 말아 올린 것 같은 모양의 레이쇼이스 크루즈 뒤로 태양이 넘어가며 터미널은 검은색으로 실루엣을 드러낸다. 분홍색 석양이 바다를 물들이고, 모래와 모래 위의 깃털과 돌까지 물들이고 있다. 신발을 벗어들고 낮 내내 바닷속에 잠겨 있었을 촉촉이 젖은 모래를 밟으며 천천히 걸어간다. 다음에 또 다른 계절의 해질 무렵에 이곳에 오고 싶다. 반사되어 뒤집힌 노을을 밟으러.

마토지뉴스로 가는 방법

버스

리베르다드 광장(Praça da Liberdade)의 맥도날드 건너편에서 500번 버스 탑승

메트로

메트로 A라인 마토지뉴스(Matosinhos Sul) 역 하차 (트린다데 역에서 약 40분 소요)

Restaurante Olhinhos do Polvo

주소: R. Heróis de França 669, 4450-159 Matosinhos, Portugal

전화번호: +351 91 600 6021

운영 시간: 12:00-15:00, 19:00-22:00 (일, 월 휴무)

생선구이 골목 Matosinhos fish street

R. Heróis de França

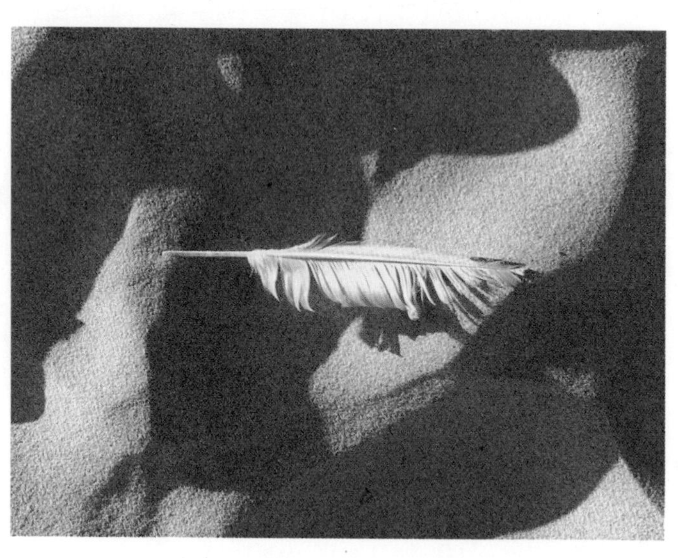

deliciosos
portuguesa
products of

우연히 주운 사탕 껍질로부터 시작된 스몰 컬렉팅북

포르투갈의 어느 가게에서 한 손에 들어오는 작은 노트를 샀다.
노트를 사고 돌아가다 우연히 길에서 주운 주황색 귤이 그려진 사탕 껍질을 붙였다.
그리고 길에서, 슈퍼마켓에서, 미술관에서, 숲에서, 바다에서 작고 쓸모없지만 예쁜 것들을 계속 수집해서 붙여나갔다.

여행에서 돌아오자마자 이 작은 노트를 그대로 스캔하고 프린트해 독립출판물을 만들었다.
제목은 '스몰 컬렉팅북'으로 정했다. 48페이지 분량으로, 한 손에 들어오는 사이즈로, 표지는 『스몰 컬렉팅북』의 시작이었던 귤이 그려진 사탕 껍질로.

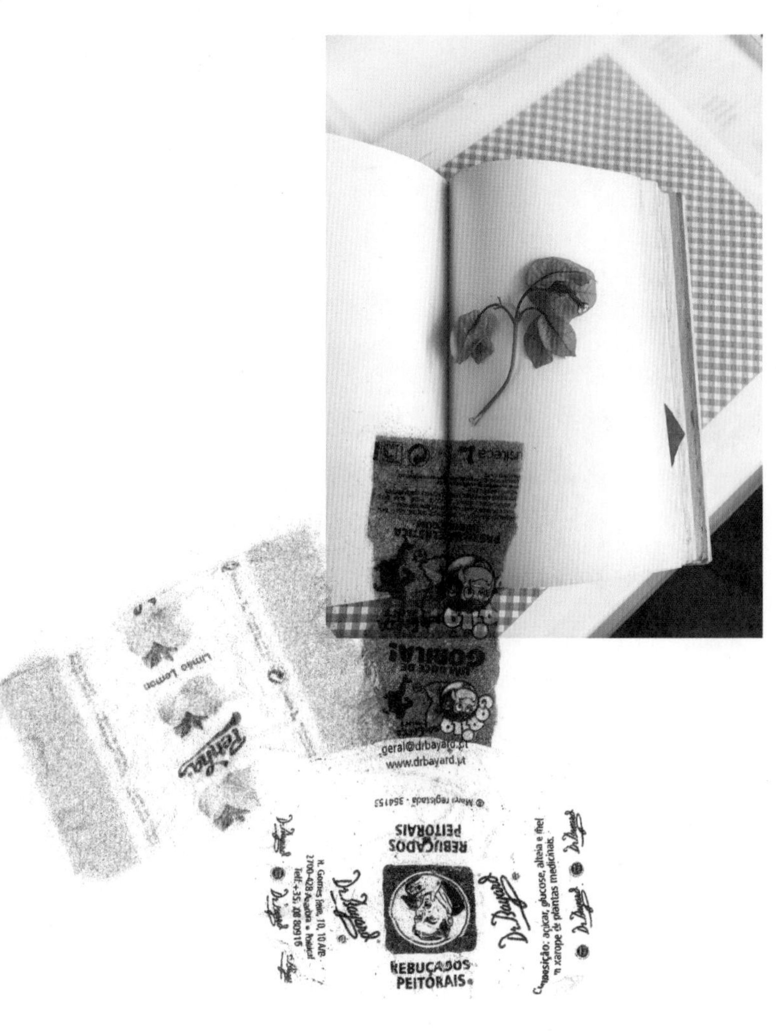
geral@drbayard.pt
www.drbayard.pt
REBUÇADOS PEITORAIS
REBUÇADOS PEITORAIS
Limão Lemon

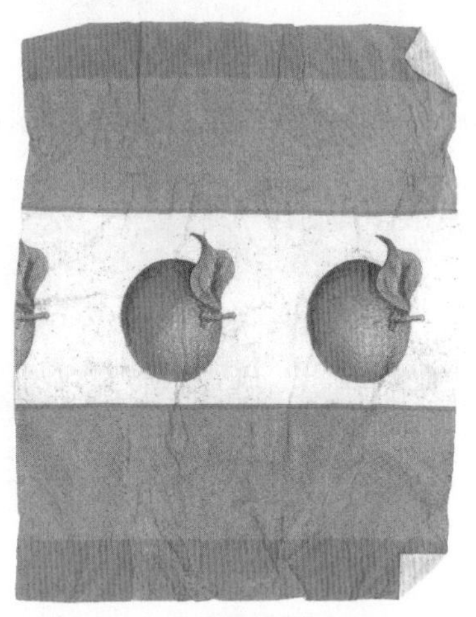

raspadinha
Aranha da Sorte

친밀한 사람들

포르투갈에서 느낀 사람들의 인상은 '친밀하다'라는 것이다. '친절하다'라는 단어로는 표현하고 싶지 않은데, 여러 나라에서 느낀 친절하지만 거리감이 느껴졌던 친절과는 달랐기 때문이다. 그들은 약간 수줍은 친구 같았다. 은근슬쩍 나를 챙겨주는 그런 친구. 수업에서 만난 포르투갈 친구들도, 에어비앤비의 주인도, 편집 숍의 직원도, 음식점의 주인들도 그랬다. 그들은 몸에 밴 여유와 소탈함으로 나까지 편안하게 해주었다.

타파벤토Tapabento에 갔을 때도 그랬다. 훌륭했던 음식 맛보다 기억에 남는 것은 타파벤토의 주인과 직원들이다. 머리를 땋아 내리고 연분홍색의 옷을 입은 인상 좋은 여주인은 오래된 단골인 것처럼 나를 반겨주었다. 혼자 온 나는 바에 앉았다. 메뉴판을 보고 고민할 때, 음식을 기다리며 멍하니 있을 때, 아주 맛있게 먹고 있을 때, 그녀는 한마디씩 말을 걸어왔다. 습관적으로 "모든 게 괜찮니?"라고 묻는 영혼 없는 말붙임이 아니었다. 간단하지만 적절한 음식 설명, 어디서 왔는지, 오늘의 날씨는 어떤지, 여행은 즐거운지 등등의 말.

음식이 맛있냐고 묻는 질문에 대답은 당연히 "YES!!"였다. 내가 진심으로 눈을 반짝이며 말하자 그녀는 웃었다. 음식에 대한 자부심, 손님과 직원을 대하는 태도, 편안한 웃음으로 미루어보아 너무나 주인 같았던 그녀에게 이 가게의 주인이냐고 묻자, 딸이 이 가게의 주인이라 일을 도와주고 있는 것이라는 대답이 돌아왔다. 하지만 나는 그녀를 계속 주인으로 생각하고 싶다. 뭐 주인의 어머니면 주인이라고 봐도 그리 틀린 것은 아닐 것이다.

계산하고 나갈 때 그녀가 포옹을 해주면서 멀리서 와서 우리의 음식들을 먹어줘서 고맙다고 했다. 진심이 느껴졌다. 이상하게 감동적이었다.

Tapabento S.Bento

주소: R. da Madeira 222, 4000-069 Porto, Portugal

전화번호: +351 91 288 1272

운영 시간: 12:00-16:00, 19:00-22:30 (화 19:00-22:30, 월 휴무)

현지 와인 가게에서 와인 사기

포르투 어디서든 와인을 쉽게 만나볼 수 있지만 그 종류가 너무 많아 와인 앞에서 멍해지곤 한다. 마트에서 패키지만 보고 고르는 것도 한두 번이지, 이럴 때는 역시 잘 아는 사람의 추천이 필요하다. 호스텔 스태프에게 추천받은 가게 가하페이라 두 카르모Garrafeira do Carmo에 와인을 사러 갔다.

엄청나게 많은 종류의 와인들이 가게를 빽빽하게 채우고 있다. 와인에 해박한 주인아저씨가 이것저것 추천을 해주고 시음해보라며 살짝 알딸딸해질 만큼 여러 잔을 건넨다. 전문 숍에서 파는 와인은 비쌀 것 같다는 편견과는 다르게 오히려 마트에서 파는 와인보다 저렴하다. 고민 끝에 고른 15유로짜리 루비 포트와인을 품에 안고 기분 좋게 광장으로 나왔다.

Garrafeira do Carmo

주소: R. do Carmo 17, 4050-011 Porto, Portugal

전화번호: +351 22 200 3285

운영 시간: 09:00-19:00 (일 휴무)

Alves ÓPTICA
GARRAFEIRA
DO
CARMO

도시가 가장 아름답게 보이는 장소는 어디인가

포르투에 가기 전, 포르투에 다녀왔던 친구를 만났다. 친구는 "여기서 보는 풍경을 좋아한다"면서 나의 지도에 별을 찍어주었다. 어떤 풍경이 나올지 예상하고 그곳에 가보는 것도 좋지만, 무슨 풍경을 만나게 될지 모른 채로 가는 것은 포춘 쿠키를 까보는 것 같아 좋다. 무엇을 만날지 모르는 두근거림과 예상치 못했던 것들이 주는 놀라움과 기쁨. 먼저 다녀온 누군가가 준 풍경이 담긴 포춘 쿠키.

도시가 가장 아름답게 보이는 장소로 유명한 장소들이 있다.
그곳들만큼이나 아름다웠던 나만의 장소를 발견하는 것은 나만의 작은 미션이었다. 그렇게 발견한, 친구의 지도에 별을 그려 넣어주고 싶은 곳들.

#1 Escada dos Guindais 48, 4000-098 Porto, Portugal
#2 R. do Gen Torres 420, 4430-999 Porto, Portugal
#3 Torre F Porto
#4 Jadin dos Sentimentos Porto

목적 없는 산책

걸어서 갈 수 있는 거리라면 걸어서 가는 것을 선호한다. 목적지까지 가는 동안 만나는 생각지도 못했던 풍경들을 좋아한다. 겨우 걸어서 도착한 목적지보다 그곳까지 가는 과정에서 만난 풍경이 좋았던 적이 많다.

도심 외곽에 위치한 서점을 찾아 걸어가던 중 그곳이 오늘 휴일이라는 사실을 알게 되었다. 공지사항은 포르투갈어로 적혀 있으니 정확히 알 수는 없지만 며칠간 임시로 문을 닫는다고 했다. 갑자기 나의 목적지가 사라져버렸다. 하지만 지금 내가 걷고 있는 이 길이 너무 마음에 들기에 돌아가는 대신 일단 앞으로 계속 걷기로 한다.

그렇게 시작된 목적 없는 산책. 어떤 것을 만나게 될 것이라는 기대 없이, 산책하는 것이 목적인 오후. 충동적으로 저 길에 가보고 싶다면 일단 가본다. 골목이 궁금해졌다면 그 입구로 들어선다. 여행 중 약간의 충동적인 욕망을 수용하는 것은, 가끔은 길을 잃는 것은 여행을 풍부하게 만들어준다.

좀 더 과감하고 적극적으로 길을 잃기 위해, 룰을 정할 수도 있다.

우선 GPS 지도에서 손을 떼는 것이 가장 먼저 할 일이다. GPS를 손에 들고 있는 한, 길을 잃는 것이 더 어려우니까. '첫 번째로 만나는 골목에서 오른쪽으로 꺾는다. 다시 첫 번째 골목에서 왼쪽으로 꺾고, 세 번째 골목에서 오른쪽으로 꺾는다'를 반복한다. 두 사람이라면 가위바위보를 해서 오른쪽으로 갈지, 왼쪽으로 갈지를 정한다. 주사위를 이용할 수도 있다. 4가 나왔다면 네 번째 골목으로 들어간다. 별로 들어가고 싶은 골목은 아니어도 주사위가 가리키니까 일단 가본다. 한 시간 후에 내가 도착하게 되는 곳은 어디일까?

SÁBADO 17
Património
30 de junho de 2017
ARTISTA
XUPA PILAS
Quase 700 agressões
contra gays em 3 anos

COFFEE · TEA · HEALTHY
NOSHI

MBM
Boutique Noivas
BESSA & TEIXEIRA, LDA
Boutique de Noivas

비를 피해 들어간 카페

톡 하고 차가운 감촉이 느껴져 고개를 들었다. 다시 톡톡 하고 볼 위로, 팔 위로 빗방울이 떨어진다. 아침부터 회색빛이었던 하늘을 보고도 포르투갈에 있는 동안 언제나 날이 좋았기에 비가 올 거라는 생각조차 하지 않았다.

거리의 사람들은 대부분의 유럽 사람들이 그렇듯 적당한 비에는 개의치 않고 태평하게 걷고 있다. 이 길에서 발걸음이 빨라진 것은 나뿐이다. 점점 굵어지는 빗방울에 초조해진 나는 어디로든 실내로 들어가고 싶었다. 얼마 전 이 길을 지나다가 보았던 카페가 생각나서 그리로 급히 발걸음을 옮겼다.

로자리오 거리의 에포카Época 카페. 세련되고 깔끔한 하얀 실내에 달린 동그란 조명들과 넓은 타원 모양의 테이블이 분위기를 부드럽게 만들고 있다. 본격적으로 쏟아지기 시작한 소나기 덕분에 이곳이 더욱 아늑하게 느껴졌다. 테이블마다 요리책이 놓여 있는데, 내가 앉은 테이블에는 『파스타의 기하학』의 저자 카즈 힐드브란드Caz Hildebrand가 감각적인 일러스트레이션으로 허브를 소개한 책 『Herbarium』이 놓여 있다. 예전부터 보고 싶었던 책이라 한 장 한 장 꼼꼼히 넘겨본다.

에포카 카페에는 신선한 재료로 만든 음식과 음료가 준비되어 있다. '오늘의 허브'와 써니사이드업을 올린 토스트는 달지 않은 레몬에이드와 썩 잘 어울렸다. 옆 테이블에 있던 책까지 가져와서 읽고 나자 비가 그쳤다.

Época Porto

주소: Rua do Rosário 22, 4050-522 Porto, Portugal

전화번호: +351 91 373 2038

운영 시간: 09:00-17:00 (토 10:00-16:00, 월, 일 휴무)

수정궁이 있던 자리

한참을 걸어 수정궁 정원Jardins do Palácio de Cristal에 도착했다. 이곳에서 보는 풍경이 좋다는 얘기는 여러 번 들었지만 내 흥미를 끌었던 것은 수정궁 그 자체였다.

19세기 산업혁명이 일어나고 산업혁명의 생산물들을 전시하기 위한 만국박람회가 열렸다. 1851년 최초의 만국박람회를 위해 런던 하이드파크에 철골과 유리를 사용해 만들어진 거대한 온실처럼 생긴 수정궁The Crystal Palace이 들어선다. 전 세계에서 온 10만 점에 달하는 전시품을 구경하기 위해 구름같이 몰려든 관람객은 런던 인구의 세 배가 넘었다고 한다. 박람회가 성공적으로 끝나고 수정궁은 철거된다. 도서관에서 발견한 수정궁을 다룬 책에서 본 설계도와 당시의 모습을 기록한 판화 도판들은 이상하게 마음을 자극했다. 생애 처음 보는 거대한 유리 궁전 안에서 물건들이 만들어내는 스펙터클을 경이롭게 바라보는 사람들.

런던 수정궁을 모델로 삼아 지어진 포르투 버전의 작은 수정궁은 1865년 만국박람회가 열린 곳이다. 막상 수정궁의 정원에 도착해서는 고개를 갸웃하게 될 수도 있다. UFO 혹은 덮어놓은 그릇같이 보이는 연두색의 반구형 파빌리온은 어떻게 보아도 크리스털 팰리스로 보이지는 않기 때문이다. 포르투의 수정궁은 롤러 하키 월드컵을 개최한다는 구실로 1951년 철거되었고 그 자리에 거대한 콘크리트 돔인 로자 모타Rosa Mota 홀이 세워져 체육, 전시, 공연 공간 등으로 쓰이고 있다. 그러니까 이 정원은 과거형으로 '수정궁이 있던' 정원으로 부르는 것이 맞겠다. 과거의 수정궁은 철거되었지만 수정궁이라는 이름은 동백꽃과 공작새가 가득한 공원에 그대로 남아 향수를 불러일으킨다. 정원을 산책하다가 강가 쪽으로 나가면 아름다운 도루 강의 풍경이 펼쳐진다. 매일 봐도 질리지 않을 그런 풍경이다.

Jardins do Palácio de Cristal

주소: R. de Dom Manuel II 282, 4050-378 Porto, Portugal

전화번호: +351 22 209 7000

운영 시간: 08:00-21:00(4-9월), 08:00-19:00(10-3월)

포르투갈 맥주의 맛

포르투갈을 대표하는 술은 와인이지만 여름에는 역시 맥주다. 포르투에서 맥주는 물보다 저렴하다. 세르베자Cerveja라고 불리는 포르투갈 맥주의 양대 산맥은 포르투갈 땅끝마을의 이름을 딴 사그레스Sagres와 1927년 포르투갈 북부에서 시작된 슈퍼복Superbock이다. 이 두 브랜드가 포르투갈 맥주 시장의 90퍼센트를 차지하고 있다. 리스본 근처나 포르투갈 중부 도시에서 맥주를 주문하면 사그레스가, 포르투가 있는 북부에서 맥주를 시키면 슈퍼복이 나올 확률이 높다. 두 맥주 모두 가볍고 깔끔한 맛의 페일 라거인데, 건조하고 따뜻한 포르투갈의 기후와 해산물을 주재료로 쓰는 포르투갈 음식에 잘 어울린다.

포르투갈 사람들은 어느 맥주가 더 맛있느냐는 문제로 종종 논쟁을 벌인다고 하는데, 포르투 사람들은 "당연히 맥주는 슈퍼복이지!"라며 은근히 사그레스를 무시하는 경향이 있다. 슬프게도 가볍고 청량한 맛의 맥주를 좋아하는 나의 취향은 사그레스였지만, 포르투 음식점에서는 당연한 듯이 슈퍼복만을 내놓아서 주로 와인을 주문하곤 했다.

하지만 여름엔 역시 맥주가 최고다. 와인보다 맥주가 훨씬 잘 어울리는 포르투갈 음식도 있다. 포르투의 전통 샌드위치 프란세지냐francesinha는 빵 사이에 겹겹의 고기 패티와 햄, 치즈, 달걀을 쌓고 치즈로 감싼 후 특제 소스를 뿌린 음식으로 어마어마한 칼로리를 자랑한다. 프란세지냐를 한입 먹고 나자 참을 수 없이 맥주가 마시고 싶어졌다. 레스토랑에는 슈퍼복의 크래프트 맥주 라인인 'Selecção 1927' 시리즈 네 종류를 판매하고 있었다. 그중 와인 잔처럼 생긴 전용 잔에 따라 마시는 'bavaria weiss'는 가볍지만 균형 잡힌 맛에 약간의 단맛과 레몬 맛이 더해져 기분이 좋아지는 맥주였다. 다음 날에도 이 맥주를 먹으러 갈 만큼 마음에 들었다. 취향에 딱 맞는 포르투갈 맥주를 포르투를 떠날 때가 다 되어서야 알게 된 것이 아쉬웠다.

SAGRES
CERVEJA

A Vida é Super
SUPER BOCK
SUPER BOCK

다리를 건너 꿈속으로

유독 하늘이 아름다운 날이었다. 하늘이 가장 예쁘게 물들 시간에 맞춰 동 루이스 다리로 향했다. 매일같이 빌라 드 노바 가이아 지역과 포르투 중심을 오가느라 메트로를 타고 이 다리를 건넜지만 오늘은 걸어서 건너기로 한다. 그리 길지 않은 다리라 금세 건널 수 있다. 어쩐지 아쉬운 기분에 뒤돌아서 다시 빌라 드 노바 가이아 쪽으로 다시 건너간다. 그것을 몇 번을 반복한다. 시간이 남아도는 사람처럼, 갈 곳이 없는 사람처럼. 이 시간에 다리를 건너는 것보다 더 멋진 일이 있을까 생각해보아도 떠오르는 것이 없다. 똑같은 다리를 걸어가지만 돌아올 때마다 도시와 강은 매번 다른 모습을 보여주었다.

백만 광년이나 떨어진 곳에서 시작된 태양의 빛이 서서히 멀어지며 포르투에서 아름답게 부서진다. 그 태양 빛 속에 담긴 셀 수 없는 색깔들이 도시에, 하늘에, 강에, 다리에 뿌려지고 있다. 하늘을 물들인 하늘색, 주황색, 연분홍색, 보라색 들이 미묘하고 복잡하게 섞인 이 색을 어떻게 표현해야 할까. 하늘을 물들인 그 복잡한 색처럼 도시도 물들고 있다. 흰색 벽은 미묘한 주황색으로 물들고, 그림자는 남색으로, 강은 보라색으로, 포르투를 구성하고 있는 모든 것들이 함께 물들어간다. 그 다리 한가운데 서 있는 나 역시 그렇게 물들고 있었다.

깊어지는 색깔에 잠식되는 도시를 보는 것은 마치 깊은 꿈속으로 빠져드는 것 같았다. 꿈에서 본 장면과 이야기를 잊지 않기 위해 일어나자마자 머리맡에 놓아둔 노트에 기록했던 시기가 있었다. 손에서 빠져나가는 모래알처럼 무의식 속으로 사라져가는 이미지를 잡아보려고 하는 것은 어쩐지 헛되이 느껴지기도 한다. 현실에서는 선명했던 순간도 시간이 지나면 흐릿해지고 결국 꿈처럼 깊은 망각 속으로 사라져버린다. 멀리서 보면 이것도 꿈과 다를 바가 없다. 어린 시절 보았던 아름다운 풍경도 몇 가지만이 남았을 뿐이다. 산딸기를 따러 엄마의 손을 잡고 올라갔던 뒷산, 수박을 넣어두었던 계곡물의 반짝임, 눈이 거의 내리지 않는 곳에서 자란 내가 처음 본 광활한 눈밭.

그렇게 오랜 시간이 지나도 사라지지 않고 기억 속에 남은 장면들처럼 이 풍경도 그랬으면 좋겠다고 생각한다. 눈에 새기듯 눈앞의 풍경을 본다. 그렇게 포르투라는 꿈의 한가운데 서 있었다.

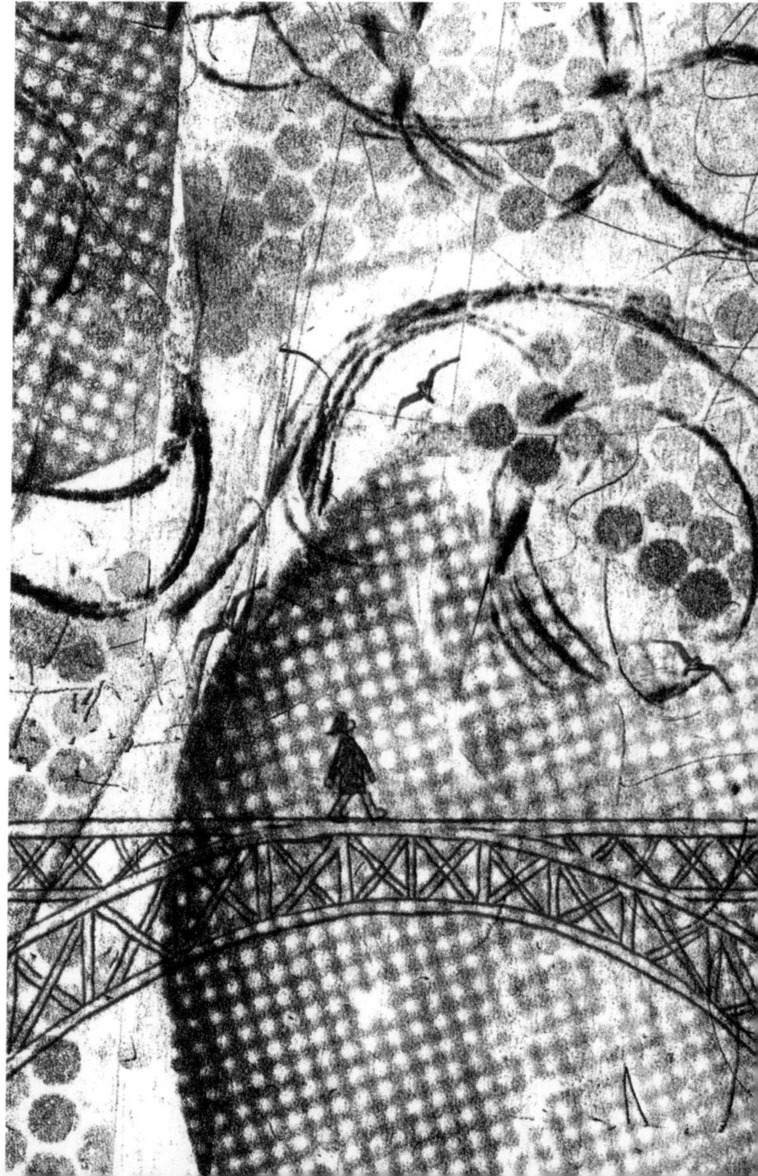

아쉬운 마지막 밤과 아침

어느새 마지막 밤이다. 마지막 밤은 어떻게 보내야 가장 후회 없이 보낼 수 있을까. 도루 강도 한 번 더 다녀왔고, 가장 좋아했던 레스토랑에서 저녁을 먹었고, 오는 길에 젤라또도 사 먹었다. 아쉬움을 남기지 않기 위해 이곳저곳을 돌아다니느라 몸이 피곤했지만 일찍 잠들고 싶지 않았다.

우선 내일이면 집을 비워야 하니 냉장고에 사두었던 것들을 모두 먹어치워야 한다. 제이미 컬럼의 노래를 틀어놓고, 마지막으로 남은 과일과 포트와인을 남김없이 먹으며 좋았던 순간들을 천천히 곱씹어본다.

아쉬움이 덕지덕지 남았던 리스본에서의 마지막 밤과는 달리 포르투의 마지막 밤은 아쉬움이 덜했다. 유명한 관광지에 다 가보지는 못했지만, 최선을 다해 온몸으로 포르투를 느꼈기 때문일 것이다. 그 어떤 여행보다 적극적으로, 다양한 방식으로. 그래도 딱 하루만 더 있고 싶다고 생각한다. 아마 하루 더 있었더라도 또 하루만 더 있었으면 좋겠다고 생각했을 것이다.

마지막 날 아침이 밝았다. 노트를 한 장 찢어 멋진 공간을 빌려줘서 고맙다는 메시지를 남긴다. 열쇠를 식탁 한가운데 놔두고 나간다.

Goodbye, Porto!

Porto

suburb

포르투 근교

포르투갈의 작은 베네치아,
아베이루

매일 수업을 듣다 보니 2주 내내 포르투에만 박혀 있었다. 수업을 들으며 친해진 포르투갈 친구가 물었다. "민, 이번 주 주말에는 어디 보러 갈 거야?" "바다를 보러 멀리 나가보려고." 즉흥적으로 대답해버렸지만 진짜로 가보기로 한다.

일요일 오전, 아침부터 서둘러 상 벤투 역에서 아베이루Aveiro행 열차에 올랐다. 오늘의 목적지는 코스타노바Costa Nova였지만 코스타노바를 가기 위해서는 아베이루에서 버스를 갈아타고 한다. 기차를 탄 지 1시간 만에 아베이루 역에 도착했다. 현대식의 아베이루 역을 나오면 가장 먼저 보이는 것은 1861년에 지어진 구 역사다. 이제는 쓰이지 않게 된 오래된 기차 역사의 외부는 푸른색 아줄레주로 장식되어 있다. 염전을 일구는 사람, 운하의 풍경 등 아베이루의 옛 모습이 고스란히 담겨 있다. 출발역이었던 상 벤투 역에 장식된 포르투갈의 큼직큼직한 역사적 사건을 기록한 아줄레주에 비하면 소박하게 느껴진다. 산뜻하면서도 품위를 잃지 않은 구 역사 앞에는 네모난 얼굴에 발이 달린 조각이 서 있다. 코스타노바로 가는 다음 버스는 한 시간 후. 예정에 없었지만 아베이루를 한 바퀴 둘러본다.

포르투갈어로 새ave가 많이 날아들었던 곳이라 아베이루라는 이름이 붙었다고 하는 운하 도시. 과거에 석호 평야에서 소금 생산을 시작하면서 소금과 수초를 운반하기 위해 운하가 만들어졌다. 수초와 소금을 나르던 아베이루의 전통 배 몰리세이루와 뱃사공들은 이제 관광객들을 나르고 있다. 아베이루는 포르투갈의 베니스라고도 불리는데, 사실 베니스에 비하기엔 운하의 규모는 아주 작고 단순한 편이지만 원색의 예스러운 건물들이 운하에 거꾸로 비치고, 그 위를 뱃머리를 화려하게 장식한 몰리세이루가 가로지르는 모습은 충분히 매력적이다.

● 매년 7월 말에는 몰리세이루 축제 'Festa da Ria'가 열린다.

● 포르투 → 아베이루

상 벤투 역에서 아베이루행 열차를 탄다.

소요 시간: 1시간

요금: 편도 3.5유로

운행 시간: 6:00-19:00

118

스트라이프! 스트라이프! 코스타노바

코스타노바는 포르투갈 북부 해안 마을로 집집마다 원색의 스트라이프 무늬가 칠해진 것으로 유명하다. 유난히 안개가 짙은 지역이라 한 어부의 아내가 안개 속에서도 집을 잘 찾으라고 외벽에 줄무늬 모양으로 페인트를 칠한 것이 시초가 되어 온 마을로 퍼져나갔다고 한다. 실용적인 이유로 시작된 줄무늬 칠하기는 이제는 장식적이고 상징적인 이유로만 남아 있을 것이다. 마치 영화 세트장에 들어온 것 같은 느낌이 드는 도시다.

여행 정보 사이트를 통해 검색해 찾아간 맛집은 이미 만석이었고, 줄을 서서 기다리기엔 배가 너무 고파서 그냥 그 옆에 있는 레스토랑으로 들어갔다. 오늘의 메뉴는 정어리 구이. 오래 기다렸다며 정어리를 한 마리를 더 구워주셨다. 바삭하게 구워진 생선구이만큼 맛있는 게 또 있을까! 생선구이와 잘 어울리는 사그레스 맥주를 마시며 만족스러운 점심 식사를 했다.

바람으로 운반된 모래가 쌓여서 만들어진 커다란 언덕 위로 기다란 나무 데크deck가 깔려 있다. 피아니스트 백정현의 〈햇살〉 〈바람〉 〈멀리서 본 풍경〉을 들으며 한참을 사막 같은 사구 위를 걸었다. 한참을 걸으니 바다가 조금씩 보이기 시작한다.

사구를 넘어가자 아름다운 코스타노바의 해변이 펼쳐졌다. 오는 내내 너무 열정적으로 사진을 찍은 바람에 막상 해변에 도착해 바다 사진을 찍자마자 핸드폰이 꺼져버렸다. 사진으로 담고 싶어 미칠 것 같은 아름다운 바다 풍경들은 계속되었다. 해먹이 있는 카페를 지나 해변의 가장 끝으로 향한다. 웨스 앤더슨의 영화 〈문라이즈 킹덤〉에 나올 것 같은 파롤 등대farol da barra 앞까지 갔다가 다시 돌아온다. 바다에는 사람이 많지 않았고 포르투갈 사람들은 한낮의 바다를 여유롭게 즐기고 있었다. 샌들을 벗고 걷다가 모래사장에 자리를 잡았다. 나는 그 풍경을 잊지 않기 위해 거의 노려보듯이 바라보거나, 모래사장에 앉아 스케치를 했다. 펜과 노트는 배터리가 꺼지는 일이 없다.

눈앞의 풍경을 잊지 않기 위해 언제나 사진을 찍어댄다. 손바닥만 한 카메라의 액정에 담긴 것을 확인하고 나면 그 풍경을 가졌다는 얄팍한 만족감에 제대로 그곳을 보고 느끼지도 않고 자리를 떠버린 때가 얼마나 많은지. 사진 한 장 없는 이날의 바다 풍경은 생생하게 머릿속에 남아 있다.

↓

● **아베이루 → 코스타노바**

코스타노바행 버스정류장(Bus stop to costa nova)에서 L5951 버스를 탄다. 한 시간에 1대씩 운행. 토요일과 일요일에는 버스의 배차 간격이 넓다. 코스타노바 버스정류소 앞 관광 안내소에서 미리 막차 시간을 확인할 것!

소요 시간: 약 40분

요금: 편도 2.4유로

아베이루 역 근처 정류장

주소: R. Cmte. Rocha e Chunha 146, Aveiro, Portugal

아베이루 운하 근처 정류장

주소: R. do Clube dos Galitos 19, Aveiro, Portugal

● **코스타노바 → 아베이루**

버스

코스타노바 버스 정류소

주소: Av. José Estevão 214, Gafanha da Encarnação, Portugal

택시

전화번호: +351 96 401 4951

요금: 약 15유로

코스타노바 관광안내소 Loja de Turismo da Costa Nova

주소: Av. José Estevão 214, Gafanha da Encarnação, Portugal

전화번호: +351 23 436 9560

운영 시간: 10:00-13:00, 14:00-18:00 (월, 목, 일 휴무)

파롤 등대 farol da barra

주소: Largo do Farol 1, 3830-751 Gafanha da Nazaré, Portugal

Rua Arrais de Ança, Nº1 LJ, 3830 455 Costa Nova
Bernardes Vieira & Simões, Lda Contrib Nº 514401613
Capital Social 2500 Euros

Factura/Recibo Simplificada nº 1 01/994

Data: 09/07/2017

Orig

Exmo(s) Sr(s):

Consumidor final

Nº Contrib.: *********

Tl	Artigo	Desc.	Va
13%	Bola Gelado		1,!

Tx	Incid	Iva	Total		
13%	1,68	0,2?	1,90	Iliquido:	1.(
				Desconto:	0.(
Tot	1,68	0,22	1,90	Liquido:	1.6
				IVA:	0.2
				Total a Pagar:	1.9

W8dl - Processado por programa certificado nº 0 1.3/AT

Atendimento por: Supervisor
Posto 2 1 01 994 em 09/07/2017 às 15:54:41

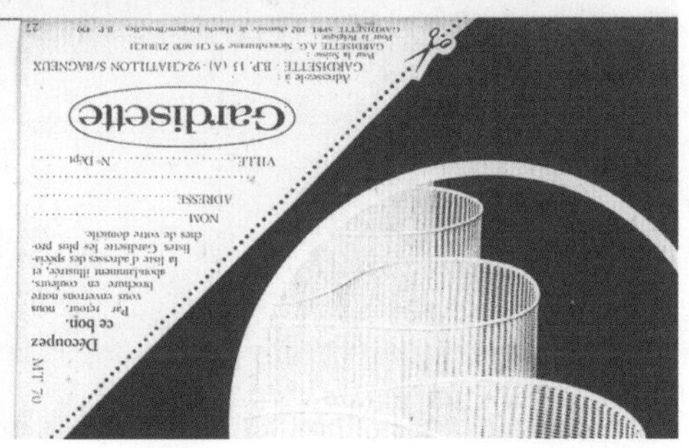

다시, 포르투

다시, 포르투

여름의 긴 포르투갈 여행을 마치고 겨울에 나는 다시 유럽에 있었다. 스코틀랜드 에딘버러 대학에서 10주짜리 미술 수업을 들었다. 포르투에서 2년을 보내고 스코틀랜드에서 또 다른 영감을 받으며 『해리포터』를 썼던 조앤 롤링과 같은 루트라고도 할 수 있겠다. 에딘버러는 고풍스럽고 멋진 도시였지만 뼛속까지 스미는 추위와 오후 4시면 사라져버리는 해 때문에 항상 어두컴컴해서 『해리포터』에 등장하는 어둠의 마법사들이 사는 도시의 모티브가 어디서 왔는지 직관적으로 이해할 수 있다. 에딘버러에 오래 산 친구가 에딘버러는 최악의 겨울 여행지라고 단언했는데 그 말에 어느 정도 동의한다. 매일 조금씩 내리는 비로 하루도 마를 틈이 없는 도로를 걸으며 나는 자주 포르투갈을 그리워했다. 어디로든 남쪽으로 가고 싶었다.

늦은 밤, 과제를 하다가 충동적으로 포르투행 비행기를 결제했다. 유럽에는 다양한 저가항공이 있어 시간만 잘 맞춘다면 서울에서 부산으로 가는 KTX 가격이면 포르투에 갈 수 있었다. 3박 4일의 짧은 일정이었지만 다시 포르투에 간다는 것만으로도 가슴이 뛰었다.

그리웠던 것들

다시 포르투로 간다면 하고 싶은 것. 그리웠던 것들이 모두 잘 있는지 확인하는 일이다.

동 루이스 다리
광장의 버스킹
아줄레주로 장식된 건물들
포르투의 햇살
1유로짜리 에스프레소
부드러운 문어 요리
달콤한 에그타르트
끝내주게 맛있는 젤라또
도루 강변에서 먹는 포트와인
…

오래도록 그리웠던 것들의 리스트와 가보지 못해 아쉬웠던 곳들의 리스트를 모두 실행하기 위해 도착 전까지 '완벽한 스케줄'을 짰다. 마치 테트리스를 하듯이 말이다. 포르투에 돌아온 첫날, '완벽한 스케줄'을 수행하던 나는 문득 깨달았다. 내가 그리워했던 것들은 일일이 확인하지 않아도 모두 잘 있다는 사실이었다. 모든 것이 그대로고, 공기의 온도와 사람들이 걸친 외투만이 달라졌을 뿐이다.

그리웠던 것은 포르투라는 도시에 나를 집어넣는 일이었다. 계획에 맞춰 움직이는 것이 아니라 자연스럽게 도시를 느끼는 일.

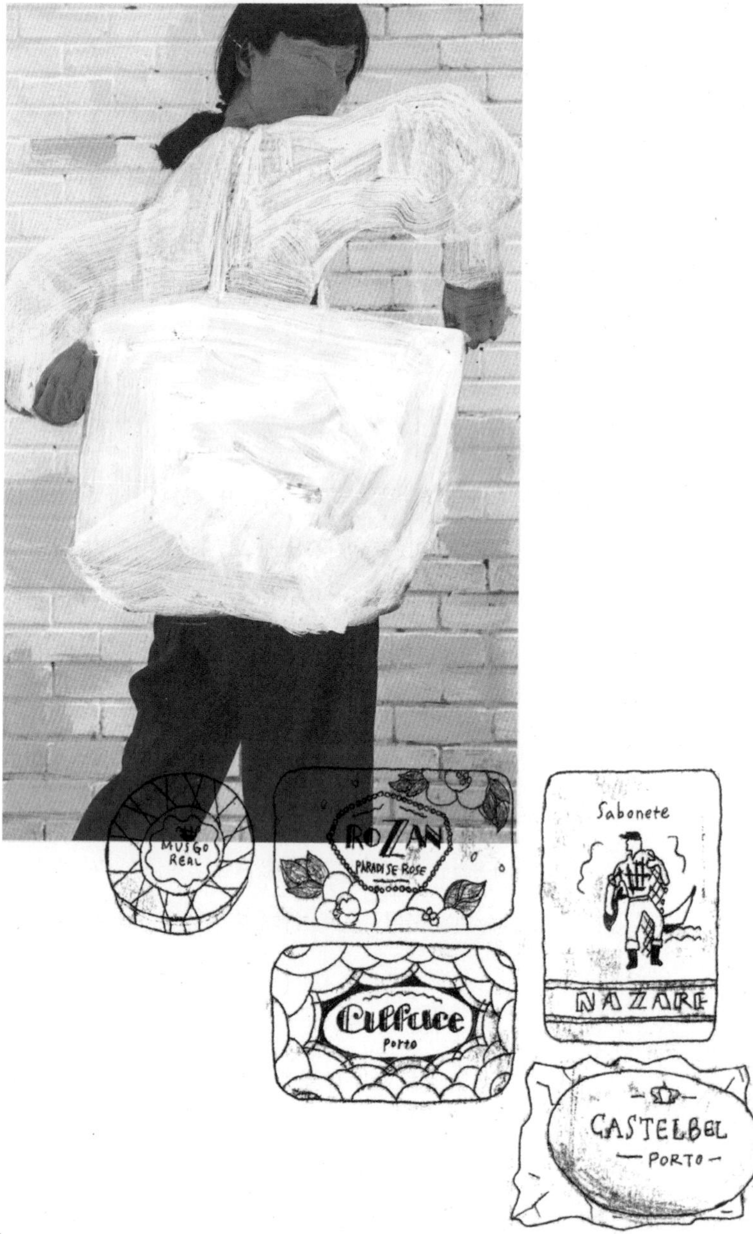

Sabonete
NAZARE

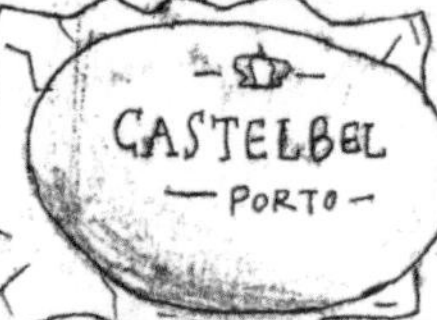
CASTELBEL
— PORTO —

주인의 취향

집 전체를 빌리는 에어비앤비가 누구의 간섭을 받을 필요도 없는 호텔처럼 편안하다면, 개인실로 빌리는 에어비앤비는 주인이 실제로 살고 있는 집의 방 하나를 빌리는 것이라 조금 불편할 수 있지만 주인의 삶을 엿볼 수 있어 흥미롭다.

이번에 머문 집은 공용으로 쓰는 거실 책장에 흥미로운 책이 가득 꽂혀 있어 거의 독립출판 서점에 가까웠다. 주인이 놓아둔 패키지가 예쁜 비누에서, 일러스트 지도에서, 추천 음식점 리스트에서, 촛불을 켜는 성냥에서, 테이블 위의 접시에서, 바구니에 담긴 아보카도와 바나나에서, 구석구석 놓여 있는 부엉이 오브제에서, 턴테이블 위에 올려진 LP에서, 그녀가 오랜 시간에 걸쳐 조금씩 모아온 모든 것들에서 그녀의 취향과 라이프스타일이 묻어난다.

도시가 깨어나기 전

아침 6시 반, 새벽처럼 느껴지는 시간. 모닝커피를 마시고 싶지만 미리 알아두었던 일찍 문 여는 카페가 오픈할 때까지도 아직 한 시간 반이 남았다. 침대에서 좀 더 누워 있어도 좋겠지만 밖으로 나간다. 거리는 아직 조용하다. 차갑지만 신선한 공기만이 거리를 채우고 있다. 서서히 깨어나고 있는 도시를 천천히 가로질러 걸어간다. 금요일 밤을 치러낸 도시의 여기저기에 어제의 흔적들이 조금씩 남아 있다. 구석에 놓인 맥주 캔과 플라스틱 와인 잔 같은 것들. 떠들썩한 어젯밤으로부터 이어진 아침이라는 것을 믿을 수 없을 만큼 고요하다.

걸어서 20분이면 갈 수 있는 거리를 한 시간 동안 걸어가려면 최대한 비효율적으로 걸어야 한다. 일직선으로 걷는 대신 마음에 드는 골목마다 들어가 이리저리 꺾으며 걷다가 숨겨진 공원을 발견하기도 하고, 왔던 길을 돌아가기도 하고, 아직 문을 열지 않은 가게들을 들여다보며 걷는다.

조용한 거리에서 빵 굽는 냄새가 난다. 세계 어디서나 빵집은 주인의 부지런함으로 운영된다. 그들은 새벽같이 나와 반죽을 하고 숙성을 하고, 부지런히 빵을 구워내야 한다. 그렇게 만들어진 빵들은 도시의

아침을 책임진다.

관광객으로 들끓었던 마제스틱 카페Majestic Café 앞도 지나간다. 세계에서 가장 아름다운 카페라는 별명을 가진 카페지만 이전에 왔을 때는 넘쳐나는 관광객들로 그 모습을 제대로 볼 수 없었다. 지금 이곳 앞에는 나뿐이다. 카페 파사드의 곡선과 장식의 우아함을 감상한다. 창문에 붙어 실내를 들여다본다. '세계에서 가장 아름다운 카페'라는 별명이 붙었을 때에는, 조앤 롤링이 글을 쓰러 드나들었을 때에는 천천히 아름다움을 감상하며 조용히 글을 쓸 수 있는 그런 멋진 카페였을 것이다.

나는 아침이고 밤이고 커피를 마셔대는 카페인 중독자이지만 아침에 마시는 커피가 유독 좋다. 콤비 커피Combi Coffee는 포르투에서 흔치 않은 핸드드립 커피를 파는 곳이다. 이 가게의 마스코트인 녹색 미니 버스가 깜찍하다. 가게로 들어가자 원두 커핑을 하고 있던 주인이 반갑게 인사해준다. 포르투갈에서는 늘 에스프레소로 만드는 커피를 마시곤 했지만 이곳에서는 핸드드립 커피를 마셨다. 정성껏 진하게 내린 커피를 커다란 창으로 비치는 아침 햇살을 받으며 먹는 기분이란!

콤비 커피에서 시간을 보내고 또다시 카페로 향한다. 천천히 걸어 카페 BOP에 도착했다. 아침에는 베이글과 과일 요거트 등이 포함된 아침

세트를, 저녁에서 새벽까지는 햄버거와 다양한 맥주를 파는 카페다. 가게에 가득 꽂혀 있는 레코드판이 장식이 아니라는 듯이 유독 이곳에서 듣는 노래가 좋았다. 외국인들은 알기 힘든 작은 문화 행사를 알리는 포스터와 잡지를 들여다보았다. 소극장에서 열리는 연극 포스터가 눈길을 끌었다. 어차피 알아듣지 못하겠지만 알아듣지 못하는 연극을 보며 내 마음대로 내용을 상상하는 일도 재미있을 것이다.

Majestic Café
주소: Rua Santa Catarina 112, 4000-442 Porto, Portugal
전화번호: +351 22 200 3887
운영 시간: 09:30-23:30 (일 휴무)

Combi Coffee
주소: Rua Morgado Mateus nº29, 4000-334 Porto, Portugal
전화번호: +351 92 944 4939
운영 시간: 09:00-19:00 (화 휴무)

BOP Café & Bar
주소: R. da Firmeza 575, 4000-110 Porto, Portugal
전화번호: +351 22 200 1732
운영 시간: 11:00-01:00

Vamos ser como os nossos narizes:
cada um vive na sua cara,
mas respiram o mesmo ar.
Vivem do mesmo:
do oxigénio,
do amor,
ou assim.

MAJESTIC
CAFÉ
112
MAJESTIC
MAJESTIC

음악과 낭만이 있는 겨울의 강

도루 강변에서 살짝 올려다보면 2층 높이의 돌담길에 많은 레스토랑과 바bar가 있다. 이 가게들은 대부분 야외 테이블을 가지고 있어 식사하며 도루 강변을 내려다볼 수 있다. 퀴 와인 바Wine Quay Bar는 돌담 위에 철판을 깔아 강을 바로 볼 수 있는 작은 야외 테이블을 만들었는데 딱 세 팀만이 이 자리에 앉을 수 있다. 운 좋게도 나는 이 자리에 앉을 수 있었다.

나 혼자 와인 리스트를 들여다본다고 알아낼 수 있는 사실은 별로 없다. 직원에게 와인을 추천해달라고 하자 나의 취향을 물어본다. "음, 일단 산뜻하고……" 문득 추천을 받을 때의 질문 기술에 대해 들은 말이 생각났다. 막연히 추천해달라고 하면 모두의 취향에 적당히 어긋나지 않는 적당히 좋은 것을 추천을 받을 수 있지만 "당신이 가장 좋아하는 것이 무엇이냐"라고 물으면, 진짜 멋진 것을 추천받을 수 있다고. 서버는 자신이 가장 좋아하는 와인이라며 레드 와인을 가져왔다. 평소 드라이한 와인을 즐기지 않지만, 정말 맛있는 와인이라는 게 느껴졌다. 고급스럽게 균형 잡힌 깔끔한 맛에 한 잔을 금세 비웠다.

두 번째 잔은 아까보다 가벼운 것을 먹고 싶다고 하자 직원이 비뉴

베르드Vinho verde 섹션에 있는 와인 하나를 추천해준다. 비뉴 베르드는 그린 와인Green wine으로도 불리는데 녹색이라는 의미는 아니다. 오래 숙성된 와인의 반대 의미로 짧게 숙성을 하여 만든 와인을 가리키며 포르투갈의 대표적인 와인이다. 상큼한 과일 향과 청량한 맛이 여름에 먹으면 정말 잘 어울릴 것 같았고, 내 취향에도 딱 맞았다.

돌담 아래에는 혼자서 버스킹을 하는 사람이 있었다. 쌀쌀한 날씨에 노래 없이 기타만 묵묵하게 연주하는 그의 버스킹을 오래 듣고 있는 사람은 없었다. 어쩐지 쓸쓸해 보이는 그의 옆을 지키고 있는 건 그의 개뿐이다. 혹시 눈이 마주치면 '제가 듣고 있어요!'라고 박수라도 보내고 싶었지만 그는 위쪽을 쳐다보지 않았다. 갑자기 한 커플이 그의 기타 연주에 맞춰 왈츠를 추기 시작한다. 근처에 그들이 춤추는 것을 바라보던 다른 커플도 손을 맞잡고 천천히 스텝을 밟는다. 춤은 번져나가 세 커플, 네 커플 어느새 꽤 많은 연인들이 함께 춤을 춘다. 주황색과 분홍색으로 물들어가는 하늘과 도루 강, 기타 소리, 춤추는 연인들, 번지는 미소. 영화의 한 장면 같은 로맨틱한 광경이 펼쳐졌다.

혼자 여행하는 게 익숙하지만 이럴 때는 누군가와 함께 왔으면 좋았겠다는 생각이 든다. 부둣가 바닥에 털썩 앉아 플라스틱 잔에 와인을 먹으며 의미 없는 수다를 떨고, 춤추는 연인들 사이에서 함께 춤을 추고 싶었다. 그런 약간의 외로움에 약간의 알코올 때문인지

멜랑콜리한 기분이다. 내 대화 상대가 되어준 것은 시시각각으로 변해가는 하늘과 하나둘씩 불을 밝히기 시작하는 강 건너편 빌라 드 노바 가이아의 불빛들이었다.

들뜨고 활기찬 여름의 도루 강, 그리고 차분한 낭만이 있는 겨울의 도루 강. 다른 계절의 강은 다른 매력을 품고 있었다. 마지막 잔을 루비 포트와인으로 마무리하고 강변으로 내려와서 그의 기타 케이스에 동전을 넣었다.

Wine Quay Bar

주소: 4050, Cais da Estiva, Porto, Portugal

전화번호: +351 22 208 0119

운영 시간: 16:00–23:00 (일 휴무)

현금 결제만 가능

포르투의 밤

밤이 찾아오는 순간은 갑작스럽다. 아주 잠깐 지도에 한눈을 팔다 고개를 들었을 때, 이미 밤의 경계선 안에 들어왔음을 뒤늦게 알아챘다. 아쉬워할 새도 없이 다음 순간은 깜깜한 밤이다. 완만한 곡선을 그리며 천천히 하강하는 것 같던 보라색 노을을 절벽 아래로 밀어버리고 순식간에 그 자리를 차지한 밤. 여름밤보다 겨울밤은 예상보다 일찍 찾아온다. 일정이 짧은 여행에서는 일찍 찾아온 밤이 원망스럽게 느껴지기도 한다. 게다가 이 여정의 마지막 밤이다.

다행스럽게도 포르투는 밤도 낮만큼이나 매력적인 도시다. 강 건너 빌라 드 노바 가이아 지역 건물들의 디테일은 어둠으로 사라지고 반짝이는 불빛의 무리로 변해가고, 동 루이스 다리에도 조명이 켜졌다. 종일 태양의 빛을 반사하던 도루 강은 이제 도시와 다리의 불빛을 반사하며 포르투 특유의 야경을 만들고 있었다. 강변의 벤치에 앉아 한참을 도루 강을 바라보다 일어섰다. 밤 산책을 시작한다.

플로레스 거리에 있는 칸티나 32Cantina 32에서 저녁을 먹었다. 촛불과 스탠드만 밝힌 어두운 실내는 오히려 아늑하다. 맥주도 맛있었고 스테이크는 훌륭했다. 식사를 마무리하려고 하자 직원이 우리 가게에

KOPKE
NOVAL
RADICAL

특별한 시그니처 디저트가 있는데 그건 먹지 않을 거냐고 물어온다. 그렇지 않아도 옆 테이블에서 먹고 있는 '화분'같이 생긴 것이 궁금하긴 했다. 그는 개구쟁이처럼 그 화분에 담긴 디저트가 무엇인지 맞춰보라고 한다. 정답은 초코 파우더가 올라간 치즈케이크! 흙을 퍼먹는 기분이라 기분이 묘했지만 부드러운 치즈케이크에 섞인 사과 조각들이 상큼함을 더해주었다. 배가 부른데도 결국 바닥까지 싹싹 긁어먹고 있으니 직원이 짓궂은 표정을 지으며 "시키길 잘했죠?"라고 묻는다. 이걸 놓치지 않게 추천해주어서 고맙다고 대답했다.

Cantina 32

주소: R. das Flores 32, 4050-262 Porto, Portugal

전화번호: +351 22 203 9069

운영 시간: 12:30-15:00, 18:30-23:00 (일 휴무)

JCDecaux
Porto.

굿바이, 포르투

3박 4일의 짧은 포르투 여행은 순식간에 끝나버렸다. 캐리어를 끌고 공항으로 가기 위해 메트로를 타러 가던 길에 바닥에서 익숙한 것을 발견했다. 가장자리가 살짝 타버린 귤이 그려진 사탕 껍질. 여름에 포르투갈에 다녀오자마자 만든 독립출판물 『스몰 컬렉팅북』의 표지였던 사탕 껍질, 먹어보고 싶어서 보이는 슈퍼마다 들렀는데도 발견하지 못했던 바로 그 사탕의 껍질이었다. 그 귤 사탕을 끝내 찾지 못한 것이 이번 여행의 아쉬움으로 남았는데 이렇게 또 길바닥에서 발견할 줄이야.

마치 다음에 다시 와서 도전하라고 말하는 것 같다. 사탕 껍질로 마무리되는 여행이라니, 피식 웃음이 났다.

em saúde
país está

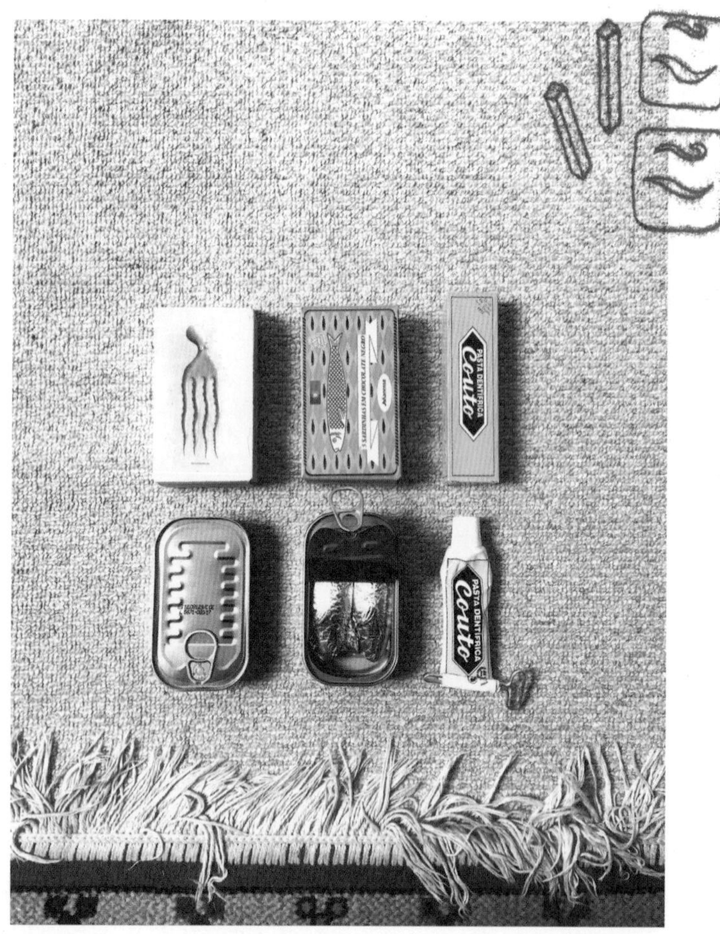

포르투갈 쇼핑 리스트

↑

호세 고메(Jose gourmet) 올리브오일&갈릭 문어 통조림
Avianense 정어리 모양 초콜릿
쿠토(Couto) 치약
비아르쿠(Viarco) Artgraf 수성 흑연

↑

세랄베스 현대미술관 에코백
핸드페인팅 테라코타 접시
레인즈(Rains) 레인코트
애시 브리토(Ach Brito) 석류 향 비누
빈티지 법랑 컵
그라함 와이너리 미니 와인 세트

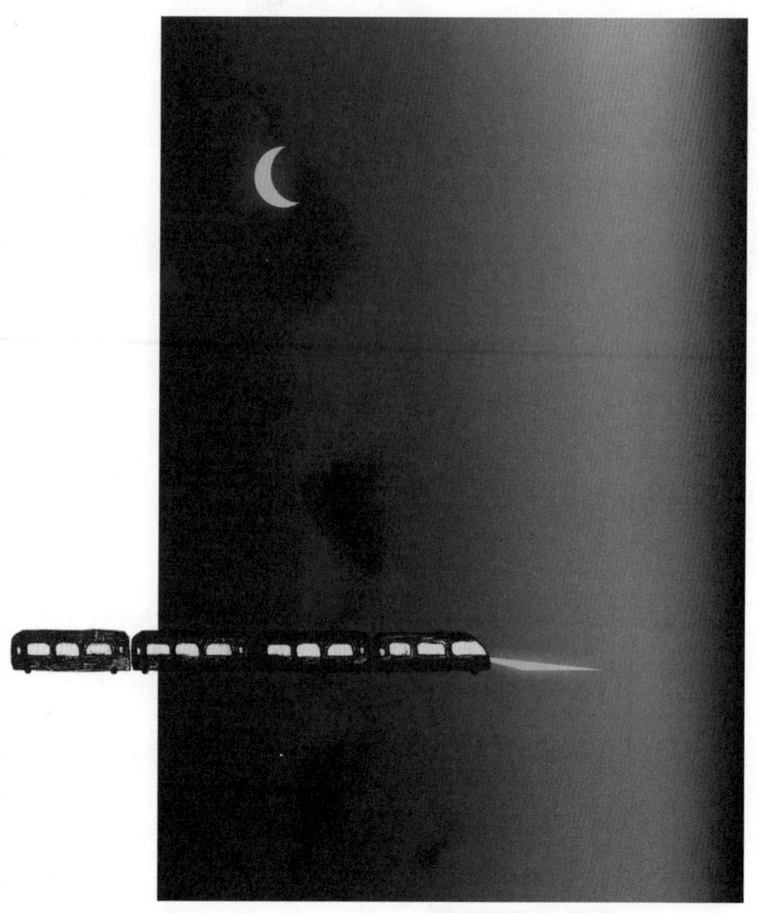

포르투갈에서 돌아오자마자 포르투갈 바다에 관한 48페이지짜리 독립출판물인 『Sea of Portugal』을 만들었다. 포르투갈을 다녀온 사람을 만나면 눈빛을 반짝이며 포르투갈을 찬양해댔다. 포르투갈에 대한 애정은 쉽사리 식지 않았다. 리스본에 가기 전에 꼭 보고 간다는 영화 〈리스본행 야간열차〉를 나는 포르투갈에 두 번이나 다녀와서야 봤다. 페르난두 페소아의 『페소아의 리스본』을 읽고 있다. 다른 사람의 시선으로 본 포르투갈과 내가 보았던 포르투갈의 모습을 겹쳐보는 것이 흥미로웠다.

문득 나는 정말 백지인 채로 그곳에 갔구나 싶었다. 아무것도 모르는 상태로 내던져져 선입견 없이 나의 눈으로, 나의 발로, 나만의 포르투갈을 경험했다. 자주 오가던 길에서 몇 발짝만 더 갔으면 마주쳤을 유명한 관광지나 아름다운 장소들을 뒤늦게 알게 되기도 했지만 말이다.

좋아하는 영화를 다시 보고, 좋아하는 책을 다시 읽는 것을 좋아한다. 좋았던 도시에 다시 가는 것은 도시라는 책을 다시 펼쳐보는 것과 같지 않을까. 그 책의 페이지는 너무나 방대하고 끝없이 변해서, 평생을 읽어도 다 읽지 못할 것만 같다. 다시 읽는다고, 다시 간다고 똑같이 좋다는 보장도 없다.

포르투에 다녀온 동생과 맥주를 마시다 자동차를 빌려서 포르투갈의 작은 도시들을 둘러보는 여행을 하고 싶다는 이야기를 했다. 대서양이 보이는 해변 도로를 달리다 마음에 드는 작은 도시가 있으면 내려서 하루를 보내고 다시 떠나는 그런 여행. 언젠가 정말 그렇게 가자. 포르투갈이라는 책이 너무 그리울 때 또 다른 페이지를 펼치러.

formação em
gadas à Área de Forma

당신의 포르투갈은 어떤가요

초판 1쇄 발행 2018년 10월 25일
초판 4쇄 발행 2022년 7월 1일

지은이 영민
펴낸이 윤동희
펴낸곳 북노마드

편집 김민채
디자인 석윤이
제작 교보피앤비

출판등록 2011년 12월 28일
등록번호 제406-2011-000152호
문의 booknomad@naver.com

ISBN 979-11-86561-52-2 03920

www.booknomad.co.kr

북노마드